결국엔 살아남는

브랜드 마케팅의 힘

조세현 지음

결국엔 살아남는
브랜드 마케팅의 힘

펴낸날 2021년 9월 27일

지은이 조세현
펴낸이 주계수

책임편집 조주연 | **디자인** 김다정 | **경영지원** 김효준

펴낸곳 밥북 | **출판등록** 제 2014-000085 호
주소 서울시 마포구 양화로 59 화승리버스텔 303호
전화 02-6925-0370 | **팩스** 02-6925-0380
홈페이지 www.bobbook.co.kr | **이메일** bobbook@hanmail.net

© 조세현, 2021.
ISBN 979-11-5858-815-1 (13320)

머리말

어떻게 해야 돈을 벌 수 있을까요?

지난 25년간 기업을 하는 분들과 자영업을 하는 분들에게 가장 많이 받았던 질문이다. 그런데 부끄럽게도 나는 이 질문에 일관된 답을 주지 못했다. 그 질문을 받은 시점마다 내가 가지고 있던 경험과 지식의 수준이 차이가 너무도 컸던 탓이 아닐까 싶은데, 이런 질문에 일관되게 답할 수 있던건 것은 바로 박사 과정에서 만났던 '브랜드'라는 특별한 보석 덕분이었다.

브랜드라는 것을 공부한 이후로 그동안 내가 가지고 있던 생각과 수준은 현격히 달라졌다고 해도 과언이 아닐 것이다. 박사과정 이후 지난 8년동안 기업의 미래생존과 개인의 불안한 진로를 염려하는 많은 사람들을 만났고, 특별한 상징으로 빛날 수 있는 방법을 수없이 강의했다. 체계적으로 촘촘히 잘 짜여진 브랜딩의 프로세스를 보고 많은 분들이 열광하는 모습을 보면서 나 역시 큰 보람을 느꼈다.
그도 그럴 것이 기업의 미래를 거시적으로 준비할만한 전략이 그다지 눈에 띄지 않을 때, 이러한 브랜드 체계화는 마치 어둠의 바다를 마음놓고 항해할 거대한 선박을 마련한 것 같은 느낌을 주기 때문이다.

결국 브랜드에 관해 공부하고 몰입했던 것이 내 인생 전체 그리고 다른 이들에게 영향력을 미치게 되었으니 참으로 큰 행운이자 운명이라고 말할 수밖에 없다.

아직도 많은 사람들에게는 브랜드라는 것이 생소하고 그 정체가 헷갈리는 것이 사실이다. 그 브랜드라는 것은 도대체 무엇인가요? 라고 지금 나에게 묻는다면 이렇게 답하고 싶다. 생명체로서의 가치를 추구하는 모든 사람과 기업과 정부 조직이 반드시 가야 할 길이며 존재의 이유 그 자체라고. 브랜딩을 하는 그 길의 끝에서 만나는 특별한 상징이 바로 브랜드라고.

어쩌면 이 대목부터 슬슬 머리가 아파지는 분들이 있을 지도 모른다. 하지만 그렇게 생각하는 것은 당연하고 그것이 정상일 것이다. 브랜드는 그만큼 어렵고 많은 공부가 필요하기 때문이다.

개인적인 측면에서 브랜드를 가장 쉽게 말하자면 '남들에게 인정받으며 인생을 멋지게 잘 사는 법'이라고 할 수 있다. 하지만 인생을 멋지게 잘 사는 것은 상상속에서는 그럴 듯하게 그려지지만 막상 그 시작과 구체적 방법을 적어보며 로드맵을 세우는 것부터 그리 쉬운 것이 아니다. 실제로 인생에서 멋지게 성공한 사람들은 자신이 어떤 사람인지를 정확하게 파악하는 데에서 그 성공이 시작되었다고 말한다.

자신이 처한 환경, 자신이 가진 성격, 자신이 가져야 할 인생의 목표 그리고 자신이 지켜야 할 불문율인 사명이 마치 하나의 시스템처럼 잘 작동하고 끊임없이 움직여야 가장 빛나는 성공이 찾아올 수 있다. 나는 그것이 특별한 브랜드로서의 성공이라고 말하고 싶다. 그리고 그런 삶을 성공시킨 그 존재 자체가 바로 대체 불가능한 상징으로서의 의미를 갖는 것이라고 얘기하면 좀 더 쉬울지도 모르겠다.

벌써 눈치챘겠지만 그래서 브랜드 공부는 쉬운 것이 아니며, 브랜드로서의 삶을 지켜나간다는 것 자체가 결연한 의지가 몸에 배어야 가능한 것이다. 분명한 것은 브랜드의 이치를 깨닫지 못하면 인생도, 경영도 그저 흉내만 내게 된다는 것이다. 즉, 경영주체로서 분명한 목표를 깨닫지 못하면서 그저 숨만 쉬며 살아가게 되는 것이다.
나는 그것을 그저 그런 삶, 짝퉁 경영이라고 부른다. 나 스스로도 가장 경계하고 싶은 것이 바로 짝퉁 인생이다. 그래서 매일매일 스스로를 되돌아보며 게을리하지 않는데도 돌아서면 개운치 않을 때가 많다. 우리 사회가 이처럼 혼란스러운 것이 짝퉁 인생, 짝퉁 조직, 짝퉁 주장들 때문인지도 모르겠다는 생각도 든다.

지난 해 목숨을 잃을 뻔한 큰 교통사고를 당했다. 갈비뼈 열 개, 척추뼈 두 개, 왼쪽 발목 골절, 심장과 폐의 타박상까지 입은 교통사고였는데, 감사하게도 나는 여기에서 살아서 돌아왔다.

하늘이 날 살려준 그 이유를 지금도 곰곰이 생각해보곤 하는데, 어쩌면 브랜드라는 이 특별한 상징을 만드는 방법을 많은 사람들에게 더 알리고 봉사하라는 의미가 아닌가 싶다.

그 때 나는 많은 분들의 도움을 받아 생명을 유지했음을 고백하고 싶다. 매일매일 안부전화와 병문안으로 큰 용기를 준 선후배와 친구들, 후유증이 남지 않도록 수술과 치료를 맡아준 의사와 간호사들, 특히 못난 가장인데도 늘 환한 미소와 헌신으로 지켜준 아내 정미와 영준, 연주를 비롯해 모든 가족, 친지들에게 감사하고 싶다. 그리고 이들이 내 인생을 둘러싼 가장 특별한 존재, 나를 빛나게 해주는 나의 가장 소중한 브랜드라는 것을 고백하고 싶다.

아울러 또 하나의 특별한 브랜드를 꿈꾸고 있다. 내 나이는 지금 52세다. 내가 생각하는 인생의 전체 나이는 120세다. 2029년이면 내 인생의 반인 60세가 되는데, 내 인생의 반을 나를 위해 살아왔다면 나머지 반은 다른 이들을 위해 살고 싶어서 색다른 브랜드를 목표로 계획하고 있는데 그것이 바로 '와인정사'라는 힐링 브랜드이다.

일상에서 힘든 시간을 잠시 잊고 힐링하고 온전히 쉴 수 있도록 함으로써 마음 편하고 즐거운 삶을 만들어줄 수 있는 특별한 공간이 바로 힐링마을 와인정사다. 어쩌면 불가능에 가까울지도 모르지만 2028년에 설립을 마치고 행복과 힐링공동체로서 브랜딩을 하고 싶은 것이 내 마지막 꿈이다.

마지막으로 이 책을 읽는 모든 사람들이 연주와 정국의 이야기로 전개되는 소설 속에서 브랜드를 만들어가는 순서와 방법을 터득하기를 바란다. 그리고 그 실력을 바탕으로 자신과 타인을 빛내는 가장 소중한 브랜드를 완성하고 인간이 가장 소중하게 아껴야 할 존재인 것을 깨닫게 되기를 바란다.

2021년 가을, 늘 샘솟는 조세현

죽을 때까지 알아두는 브랜드 마케팅의 힘

목차

등장인물

조세현 교수

한국대학교 브랜드마케팅학과 교수이자,
연주의 지도교수였다.
교수가 되기 전 여러 코스닥 상장기업의
경영을 맡는 등 풍부한 실전경험을 토대로
중소기업과 자영업자의 매출을 쑥쑥
올려주는 마케팅의 대가로도 이름을
날리고 있다.

연주

한국대학교 마케팅학과 수석 졸업으로
이론보다 실전을 중시한다. 교내 마케팅
동아리 꾸미에르 회장을 맡으면서
공모전에서도 여러 번 입상하며 화려한
스펙을 쌓아왔다. 방학 동안 인턴으로도
일했던 국내 최고의 광고회사 JP기획에
입사해 전문 마케터로 성공하는 것을
목표로 삼고 있다.

정국

대한대학교 마케팅학과 수석 졸업으로
JP기획에 입사한 연주의 동기. 경쟁심이
매우 강하고 1등을 하지 않으면 잠을
못 자는 성격이기 때문에 오리엔테이션
때부터 연주에게 늘 1등을 빼앗기고
괴로워한다. 성공을 위해서는 비도덕적인
일도 서슴치 않는 성격 때문에 연주와는
사이가 점점 멀어진다.

영준

한국대학교 마케팅학과를 우수한
성적으로 졸업한 연주의 대학 동기.
교내 마케팅 동아리 꾸미에르 부회장을
맡으면서 마케팅의 이론과 실전을 열심히
공부했다. 졸업 후에는 (주)꾸미에르를
창업해 열심히 사업을 키우고 있다.

1

연주의
첫 출근

- 마켓 4.0

**Brand Marketing &
Brand Storytelling**

연주의 첫 출근

"어머, 벌써 일어났니? 아직 아침 준비를 다 안 했는데. 조금만 기다려. 엄마가 토스트라도 해 줄게."

"저 때문에 엄마 일찍 일어나실 필요 없어요. 알아서 챙겨먹고 갈게요."

알람 소리가 울리자마자 벌떡 일어난 연주. 오늘은 그토록 기대하고 기다렸던 JP기획의 첫 출근 날이다. 평소에도 아침형 인간이었던 연주는 오늘따라 더 가벼운 마음으로 일찍 일어나 출근 준비를 하고 있다. 정해진 출근 시간보다 훨씬 일찍 일어났는데, 연주가 출근 준비를 하는 소리가 나자 엄마도 일찍 일어나시게 된 상황이었다. 죄송하면서도 감사한 마음으로 함께 아침을 먹으면서 즐거운 시간을 함께 나누었다.

한국대학교 마케팅학과에 다니면서 수많은 공모전 입상과 인턴 경험을 한 연주는 화려한 스펙을 가진 덕분에 원하는 기업이라면 어디든 갈 수 있었다. 연주가 선택한 곳은 바로 국내 최고의 광고회사 JP기획이었다. 4학년이 돼 진로를 결정해야 할 시기가 오면서 연주는 고민이 많았다. 조세현 교수가 운영하고 효준 선배가 이사로 재직하고 있는 마케팅

회사 입사도 고민했고, 영준이 창업한 (주)꾸미에르의 공동 대표 운영을 제안받기도 했다. 하지만 전문 광고 마케터가 되고 싶었던 연주는 결국 JP기획 입사를 결심했다. 인턴 시절 경험한 활기찬 분위기도 마음에 들었고, 야근은 물론 수많은 출장으로 힘들어하면서도 커리어를 쌓고 열정을 보이는 선배들의 모습이 인상적이었기 때문이다.

첫 출근을 하고 회사에 적응하자 본격적으로 트레이닝, 즉 신입사원 오리엔테이션이 진행됐다. 신입사원 OT는 선배들의 교육으로 시작해 신입사원들이 자유주제로 프레젠테이션을 하는 것으로 끝난다. 선배들뿐만 아니라 임원들까지 나와서 신입사원의 역량을 보기 때문에 단순한 교육이나 평가 이상의 의미가 있었다.

신입사원 OT 마지막 날, 연주는 며칠동안 준비한 자유주제 프레젠테이션 내용을 다시 한 번 꼼꼼하게 검토했다. 프레젠테이션에서 무엇보다 중요한 것은 주제였다. 처음 주제를 고민하면서 JP기획에서 광고를 진행했던 브랜드들을 다룰까도 생각했지만, 그렇게 되면 상사 및 선배들을 평가하는 입장이 될 수 있다고 생각했기 때문에 바로 리스트에서 지웠다. 손꼽히는 마케팅 인재들 속에서 돋보이고 싶었던 연주는 학부 시절 인상 깊게 읽었던 필립 코틀러의 저서 내용을 담아 <마켓 3.0과 4.0의 시대의 브랜드>라는 주제로 발표를 준비했다. 지금은 마켓 4.0의 시대라고 할 수 있지만, 마켓 3.0과 마켓 4.0을 이어가면 더 풍부한 내용을 구성할 수 있다고 생각했기 때문이다. 알찬 내용은 물론 한국대학교에서 했던 첫 번째 PPT처럼 너무 격식을 차리지 않은 세미 정장으로 갖춰

입어 상사들에게 좋은 인상을 줄 수 있었다.

떨리는 마음으로 발표를 끝낸 연주는 다른 동기들의 프레젠테이션도 메모를 해가면서 열심히 들었다. 연주의 첫 번째 생각처럼 JP기획에서 다루었던 성공한 브랜드들을 주제로 한 경우도 있고, 실패한 브랜드들만 모아서 발표한 경우도 있었다. 그러나 상사와 선배들의 얼굴을 보니 성공한 브랜드에서는 지루해하고, 실패한 브랜드에서는 표정이 어두워지는 것을 느꼈다. JP기획에서 그동안 다룬 브랜드들을 선택하지 않았던 연주의 예상이 적중했던 것이다. 결국 이날 PPT에서 연주는 1등을 할 수 있었고, 마켓 4.0과 현재 트렌디한 업체를 다룬 것이 좋은 평가를 받았다는 심사평을 들을 수 있었다.

연주는 이날 부상으로 받은 두둑한 상품권을 들고 가족들에게 한턱 쏘기 위해 주말에 백화점을 가기로 했다. 아직도 매일 연주를 위해 아침을 준비하시는 엄마를 위해서는 별도로 봉투를 따로 만들었다.

마켓 3.0의 시대와 브랜드

시장에 공급보다 수요가 많았던 시절에는 브랜드들이 제품을 판매할 때 마케팅이라는 개념 없이 그저 찍어내는 것에만 열중했다. 시장에 공급되는 제품의 종류가 적었고 구매력 또한 높지 않아 선택에 한계가 있었기 때문이다. 그러나 이제는 시대가 바뀌었다. 필립 코틀러는 "제품 위주의 마켓 1.0, 소비자 위주의 마켓 2.0, 인간 중심의 마켓 3.0에 이어 온오프라인 상호 작용을 통합한 마켓 4.0의 시대가 도래했다"고 그의 저서 <마켓 4.0>에서 지금의 상황을 요약해서 말했다.

인간 중심의 마켓 3.0이 주도하는 시장에서는 아무리 좋은 브랜드, 제품을 만들어도 소비자의 마음을 깨닫지 못하면 성공할 수 없다. 그래서 제품을 구입하는 단순한 소비자(Consumer)가 아니라 제품의 생산과 판매에도 직접 관여하는 Prosumer(Product+Consumer)의 시대가 왔다. 그래서 마켓 3.0에서는 강력한 브랜드가 아닌 소비자의 영혼까지 만족시킬 수 있는 브랜드가 필요했다. 감성을 충족시키는 마케팅을 넘어 영혼을 감동시키는 마케팅을 요구하는 시대였던 것이다. 이를 위해 브랜드의 가치 창조는 필수조건이다. 세계화와 SNS를 아우르는 것은 물론 그에 어울리는 가치를 창조하고 발전시켜 나갈 수 있어야 소비자에게 선택받을 수 있다. 이러한 가치는 고객에게 재구매 혹은 입소문을 유도하게 되고, 이를 통해 반복구매와 신규 고객을 유입시키면서 마니아 고객층을 형성하게 된다. 이는 브랜드의 매출을 올릴뿐만 아니라 타 브랜드의 시장 진입을 막는 역할을 하기 때문에 브랜드의 가치는 기업과 브랜드의 가치를 상승시켜주는 촉매제라고 할 수 있다.

마켓 3.0	애플 사

애플 사의 전 CEO 스티브 잡스는 "우리는 물건이 아니라 꿈을 팔고 있다. 물건을 팔면 소비자는 물건을 받지만 꿈을 팔면 감동을 받는다."라는 명언을 남겼다. 애플 사는 그로 인해 독특한 디자인의 컴퓨터 아이맥을 시작으로 최초로 대중화된 스마트폰 아이폰을 2007년 1월 9일에 출시했다. 지금은 다양한 스마트폰 브랜드들이 많아졌지만, 여전히 시장에서 높은 점유율을 유지하고 있다. 충성고객들은 가격이 비싸더라도 다른 브랜드의 제품을 구매하지 않으며 디자인과 성능을 널리 알려왔고, 이로 인해 브랜드 로열티는 물론 구모델이 되거나 중고시장에서도 가격이 크게 떨어지지 않는 유일무이한 전자제품 브랜드로 인정받고 있다.

• 사진 출처: 애플 홈페이지

| 마켓 3.0 | **할리 데이비슨** |

바이크를 사랑하는 모든 사람들의 로망이라고 해도 과언이 아닌 바이크 브랜드 할리 데이비슨. 할리 데이비슨 브랜드는 독특하게도 빠르게 달리기 위한 것이 아닌, 여유 있게 달리면서 카우보이 느낌이 나는 거친 미국 남자가 타는 바이크라는 감각과 감성을 가지고 있다. 그래서 할리 데이비슨은 성능이나 출력보다는 차체 디자인, 엔진의 모양, 부품 소재 등에 매우 주의를 기울이기 때문에 경제적으로 보면 할리 데이비슨보다는 다른 브랜드를 선택하는 것이 합리적이다. 그러나 할리 데이비슨이 판매하는 것은 바이크가 아닌 자유와 저항정신이고 도심에 말을 타는 것과 같은 즐겁고 상징적이며 경험적인 혜택을 즐기기 위해서다. 그래서 20세기 초 1903년에 만들어진 할리 데이비슨은 21세기인 2020년에도 여전히 사랑받을 가치를 제공하는 브랜드다.

• 사진 출처: 할리 데이비슨 홈페이지

마켓 4.0의 시대와 브랜드

기존의 마켓 1.0에서 3.0까지는 생산자와 소비자만의 관계를 말해왔다. 그러나 마켓 4.0에서는 4차 산업혁명으로 인해 온오프라인의 구분이 무너졌기 때문에 이를 통합한 마케팅 전략이 제시돼야 한다. 기존 마켓 3.0에서는 브랜드와 소비자의 관계를 배타적, 수직적, 개인적으로 여겼지만, 4.0에서는 포용적, 수평적, 사회적으로 본다. SNS로 인해 브랜드와 소비자는 서로 협업하고 소통하며, 광고 효과를 친구, 팬, 팔로워 등에 기대한다. 또 제품을 선택하고 결정할 때 개인이 하는 것이 아닌 사회적으로 나오는 소리에 귀를 더 기울이는 경향이 있다. 이로 인해 영향력을 가진 집단 또한 달라졌다. 마켓 3.0 시대까지는 연장자, 남자, 도시인이 구매력을 가지고 있었지만, 이제는 젊은이, 여성, 네티즌이 더 큰 구매력을 가지고 마케팅의 대상이 되고 있다.

시대를 뛰어넘은 장수 브랜드

마켓 1.0에서 4.0까지의 발전하는 동안 변치 않고 최고의 자리를 유지해 온 장수 브랜드들이 있다. 제품을 사용하는 소비자들이 태어나기 전부터 존재했던 브랜드이기도 하지만, 늘 높은 매출과 시장점유율로 앞으로 다가올 마켓 5.0의 시대에도 그들의 인기는 계속될 것으로 예상된다.

마켓 4.0	대상그룹 미원

1956년에 출시해 70년에 가까운 역사를 가진 브랜드 '미원'은 한때 최고 시장 점유율이 96%에 육박했을 정도로 압도적인 브랜드 파워를 가지고 있다. 더욱 놀라운 것은 지금까지도 감미료 하면 미원을 떠올리는 사람이 상당하다는 것이다. 감미료 브랜드들이 셀 수 없이 많은 지금도 연간매출이 291억 원(2018년 기준)으로 CJ제일제당의 '다시다'에 이어 2위에 달하는 범접불가한 장수 브랜드다. 하지만 이런 브랜드 파워는 쉽게 얻은 것이 아니다. 대상그룹의 창업주 고 임대홍 회장은 감칠맛을 내는 글루탐산 제조법을 연구하기 위해 일본에서 몇 년 동안 노력을 했고, 국내 최초의 조미료 공장을 설립해 '마법의 가루'라는 별명을 얻으면서 지금까지 이어져온 브랜드 로열티를 쌓아올 수 있었다. 지금도 미원 외에 청정원, 종가집 등의 브랜드로 식품업계를 대표하고 있으며, 1970년대부터 인도네시아에 진출해 지금까지도 조미료 시장에서 3위 안에 드는 인기를 고수하고 있다.

• 사진 출처: 미원 홈페이지

정식품 베지밀

• 사진 출처: 정식품 홈페이지

국내 건강 음료의 시초라고 할 수 있는 베지밀은 지금도 두유의 대명사라고 할 수 있다. 1936년 소아과 의사였던 정식품 정재원 명예회장은 적지 않은 유아들이 유당불내증으로 우유를 먹지 못해 영양실조에 걸린다는 것을 알게 됐다. 그런 아이들이 매우 안타까웠던 정 명예회장은 유당이 포함되지 않은 베지밀을 만들었다. 베지밀은 Vegetable과 Milk를 합성어로, 맛은 물론 아이들에게 꼭 필요한 3대 영양소까지 갖추어 우수한 제품으로 널리 알려졌다. 1967년 출시해 50년이 훌쩍 넘은 장수 브랜드로, 최고 시장점유율 48.7%, 연매출 2,522억원(2018년 기준)을 기록하는 등 놀라운 기록을 세우기도 했다. 지금도 영유아식 베지밀, 임신부 베지밀 등 다양한 제품을 만들면서 소비자를 생각하는 마음을 이어가고 있으며, 카페 브랜드 오픈을 준비 중이다.

팔도 비빔면

여름만 되면 침이 고이게 만드는 팔도 비빔면은 1984년에 출시해 40년 가까이 인기를 이어온 장수 브랜드다. 당시 '오른손으로 비비고~ 왼손으로 비비고~'라는 광고 음악으로도 유명했지만, 기존의 분말스프 시장에서 액상스프의 개념을 도입하면서 차갑게 먹는 라면을 개척했기 때문에 더욱 의미를 가진 브랜드이기도 하다. 비빔면의 꾸준한 인기에 힘입어 2019년에는 팔도 비빔면의 매운맛인 '네넴면'이 출시됐다. '비빔면'이라는 원래의 네이밍의 서체와 포장을 바꾸어 '비빔면'을 '네넴면'으로, '팔도'를 '괄도'도 읽게 해 마치 새로운 제품 같은 효과와 재미를 줄 수 있었다. 비빔면이 인기를 얻은 이후 다양한 종류의 비빔면이 만들어졌지만, 여전히 국내 비빔면 시장 최고 시장 점유율 67%(2015년 기준), 누적 매출 4,900억 원(2016년 기준)을 기록할 정도로 사랑받고 있는 제품이다.

• 사진 출처: 팔도 홈페이지

MEMO

2

점장을 부른 L마트에서의 소동

- 윤리적 마케팅

**Brand Marketing &
Brand Storytelling**

점장을 부른 L마트에서의 소동

연주가 JP기획 오리엔테이션을 마치고 출근을 한 지 2주차. 선배들의 잔심부름을 하면서 회사 분위기에 적응하던 중 현장 답사 과제가 제시됐다. 현장 답사 장소는 국내 최고의 유통업체 L마트로, JP기획의 고객사인 We마트의 경쟁업체이기 때문에 벤치마킹할 수 있는 부분을 찾아오라는 것이었다. 미리 기사를 찾아보니 L마트는 몇 년 전까지만 해도 파급력이 꽤 컸지만, 과열된 가격 경쟁과 점점 증가하는 온라인 판매로 인해 매출과 영업이익이 떨어지면서 어려움을 겪고 있었다. JP기획의 오랜 고객사인 We마트와 관련된 것이었기 때문에 연주는 더 신경 써서 준비하고 싶었고, 그래서 핸드폰보다 기동성 있는 메모지와 볼펜을 손에 쥐고 L마트에 들어갔다.

We마트 VS L마트

일단 매장을 둘러보고 중점적으로 답사할 코너를 결정하려고 살펴보고 있는데, 갑자기 정육 코너 쪽에서 시끄러운 소리가 들렸다. 어떤 고객이 직원에게 강하게 컴플레인을 하고 있었던 것이다. 사람이 많지 않은 평일 낮이었기 때문에 가까이 가지 않아도 소리가 들렸는데, 전단지에 나온 소갈비 포장육이 실제 포장육과 너무 다르다는 것이었다. 일부러 좋은 소갈비를 사기 위해 아침 일찍 왔는데, 헛수고를 했다면서 직원에게

화를 내고 있었다. 직원은 연신 죄송하다고 사과를 했지만, 손님은 과대광고 정도가 아니라 고객을 속인 것이라면서 정신적 보상을 하라며 점장을 데려오라고 소리를 지르고 있었다.

호기심이 생긴 연주는 입구로 가서 해당 전단지를 가져왔고, 전단지에 나온 포장육과 실제 제품을 살펴보니 확연히 다르다는 것을 알 수 있었다. 사진 속의 포장육은 실한 갈비가 가득했는데, 정육 코너의 포장육은 살이 많지 않고 개수도 훨씬 적었기 때문이다. 직원에게 그 이유를 조용히 물어보았지만, 직원은 전단지 작업은 본사에서 만들기 때문에 자신은 모른다는 대답만 할 뿐이었다.

연주는 이 일로 매우 큰 충격을 받았다. L마트와 같은 대기업 유통사에서 굳이 과대광고를 할 필요가 있을까 하는 생각이 들었기 때문이다. 그러나 생각해 보면 많은 회사 심지어 작은 매장에서도 과대광고뿐만 아니라 과대포장을 하면서 법적으로 문제는 안 되지만 고객을 속이는 일은 허다했다. 튼실한 딸기팩을 열어보면 아랫줄에는 작은 딸기들만 있는 것, 크고 빵빵한 봉지과자를 뜯으면 대부분이 질소로 차 있는 것 등을 생각해 보면 오히려 눈으로 확인할 수 있는 소갈비 포장육은 나은 편이기도 했다. 엄청난 이윤을 남기며 전 세계에서 제품을 판매하고 있는 L마트를 비롯한 대기업들은 왜 이렇게 소비자를 우롱하는 것일까?

혼자서는 도저히 답을 알 수 없었던 연주는 고민 끝에 대학 시절 은사인 조세현 교수에게 연락을 했다. 가볍게 안부를 묻고 L마트의 사례를 간단히 설명하고 조언을 구했다. 조세현 교수는 흔쾌히 약속을 잡아주었고, 연주는 비타오백 한 박스를 사들고 연구실을 방문했다.

조세현 교수는 연주의 이야기를 듣고 잠시 생각한 뒤 윤리적 마케팅에 대한 내용을 자료를 보여주며 설명해 주었다. 막연하게 생각했던 내용을 실사례 강의로 들은 연주는 어떤 내용으로 자료를 만들 것인가 오랜 시간을 고민했다. 윤리라는 것은 누구나 알아야 하는 불문율 같은 것인데, 굳이 이 내용으로 자료를 만든다는 게 의미가 있을까 싶었기 때문이다. 또 We마트 등의 고객사에서 윤리적 마케팅을 원하지 않는다면 의미가 없을 수도 있다는 생각이 들었다. 하지만 쌍방향 소통이 그 어떤 때보다 중시되는 요즘, 기본적으로 도덕성을 저버린 마케팅은 성공할 수 없다는 결론을 얻었다. 조세현 교수 역시 연주의 의견에 동의했고, 연주는 자신감을 얻어 이번 발표는 제품이나 서비스가 아닌 기업의 윤리성을 중심으로 작성하기로 했다. 그리고 이 한 마디를 발표 자료의 메인 카피로 결정했다. "윤리적인 것이 가장 기본적인 것이여!"

과대광고와 칸트의 도덕법칙

서양 근대 계몽 사상가 칸트는 도덕법칙의 원칙을 절대적인 규율이 아닌 인간의 이성 자체로 정의했다. 인간은 전적으로 선하거나 악하지 않기 때문에 도덕적 행위를 할 수도 있지만, 비도덕적 행위도 할 수 있다는 것이다. We마트의 사건은 여기에 비추어 보면, 전단지를 만든 사람은 과장광고라는 것을 알았을 가능성이 높지만 더 많은 고객이 마트를 방문하도록 하기 위해서 비도덕적인 행위를 한 것이다. 즉, 소비자가 원하는(want) 것은 저렴하고 고기가 많은 포장육임을 알고 있었기 때문에 그 욕망을 채울 수 있는 기회를 주기 위해(need) 실제와는 다른 꽉 찬 포장육을 사진에 실었다. 전단지 하단 아주 작은 글씨로 '이미지와 실제 상품이 다를 수 있다'는 짧은 문구를 넣어 자신의 행위를 도덕적이라며 합리화했다고도 할 수 있다. 딸기팩에 딸기를 넣는 사람도 질소가 가득찬 과자를 만드는 기업도 모두가 비도덕적인 과대포장임을 알고 있다. 비록 크기는 작지만 아랫줄에도 딸기가 들어있으며 무게도 표시돼 있고, 과자 역시 실제 과자의 무게에 '질소 포함'이라는 내용과 과자를 보호하기 위해서라는 명분으로 자신들의 비도덕적인 행동을 도덕적인 것처럼 포장할 수 있는 것이다.

저렴하고 좋은 제품을 찾는 고객의 열망을 전단지의 사진과 가격으로 채워주었지만, 고객은 오히려 그 전단지와 실제 상품을 보고 괴리감을 느끼면서 실망할 수밖에 없다. 대부분의 고객들은 말없이 다른 제품을 선택할 것이고, 이 제품을 강하게 원했던 고객은 want도 need도 충족시킬 수 없었기 때문에 L마트에서처럼 화를 내는 것이다. 사람보다 덜 도덕적일 수밖에 없는 기업 그리고 브랜드는 결국 도덕법칙을 합리화하면서 비도덕적 행위를 자행하고 있다고 할 수 있다.

윤리적 브랜드와 자본주의 4.0

영국인 언론인으로 현재 '타임즈' 경제평론가인 아나톨 칼레츠키(Anatole Kalet-sky)는 2010년 <자본주의 4.0>이라는 책을 내면서 산업혁명 이후 작은 정부를 자본주의 1.0, 대공황 이후의 1930년대 거대 정부를 자본주의 2.0, 1970년대 스태그플레이션 이후의 자유시장을 자본주의 3.0 그리고 2008년 금융위기 이후를 자본주의 4.0이라고 칭한다.

자본주의 4.0 시대에는 정치와 경제가 서로 협력하는 관계로 인식하는 것은 물론, 기존의 경제성장 방식 이상으로 다양한 성장 측정 방법이 필요해진다. 브랜드 역시 마찬가지로 저렴하거나 품질이 좋다는 수치적인 것 외에 기업과 브랜드의 도덕적인 가치가 중요해진다.

우리나라에서도 이러한 상황은 흔히 볼 수 있는데, 대리점에 대한 본사의 횡포로 많은 소비자들이 불매하고 있는 유제품 브랜드가 대표적이다. 편의점이나 대형마트에서 매우 저렴한 가격으로 판매되고 있지만, 많은 소비자들이 조금 더 비싸도 다른 브랜드의 제품을 선택한다. 심지어 그 브랜드에서 만든 카페 브랜드조차 불매하는 경우가 적지 않다. 우리나라에서 막대한 수익을 올리면서도 우리나라의 국민성을 하대하는 일본 의류 브랜드 역시 큰 폭으로 시장 점유율이 하락했다. 이전까지는 가격 대비 만족스러운 품질로 많은 사람들의 사랑을 받았지만, 이후 매장이 하나둘씩 줄어들면서 큰 폭의 영업 이익 적자를 가져오기도 했다.

이제 사랑받는 브랜드가 되기 위해서 윤리적인 가치는 필수가 되었다. 그래서 자본주의 4.0는 '따뜻한 자본주의, 인간의 얼굴을 한 자본주의'라는 별명을 가지고 있다. 마케팅 사상가 50인 중 하나인 인도 출신 경제학자 라젠드라 시소디아(Rajendara

S. Sisodia) 교수는 사랑받는 기업은 이윤의 극대화가 아닌 이상과 목적을 갖고 운영하고 있다고 말한다. 주주들의 이익 외에 고객, 직원, 협력업체 그리고 사회까지 모든 이해당사자들의 이익을 극대화하는 '깨어있는 리더십'을 추구하며, 자사의 약점까지 공개하는 투명성이나 권한 위임과 같은 비즈니스 문화까지 갖고 있어야 기업과 브랜드가 로열티를 가질 수 있다고 보는 것이다.

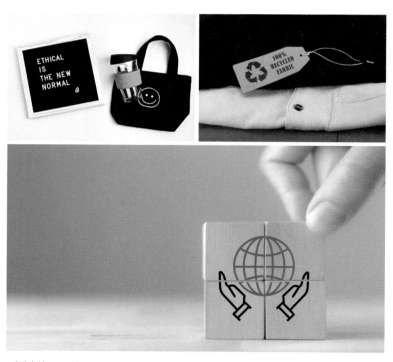

• 사진 출처: www.shutterstock.com

가치로 고객에게 인정받기

21세기에 사랑받는 기업, 신뢰받는 브랜드가 되기 위해서는 좋은 제품과 서비스 이상이 필요하다. 바로 도덕적인 가치와 사회적인 가치를 갖춘 기업임을 알리는 것이 마케팅의 시작인 것이다. 소비자의 want와 need를 갖춘 브랜드 혹은 제품은 기본이 되어야 하며, 그 다음으로 고민해야 하는 것이 바로 도덕적인 가치를 잘 지켜나가며 전달하고 있는가라고 할 수 있다.

L마트의 전단지는 1회성에 가까운 소비재지만, 그 전단지를 제대로 보는 고객들에게는 매우 중요한 정보매체가 될 수 있다. 연주는 가볍게 훑고 지나간다고 생각할 것이 아니라 어필하고 싶은 제품을 골라 솔직하면서도 매력적인 전단지 및 광고를 만들어야 한다고 제안했다. 고객을 낚을 미끼 상품이나 과대광고를 할 것이 아니라 기존의 가격에서 얼마가 할인되었는지 일주일 전 혹은 전날 가격을 함께 첨부해서 '진짜' 할인이라는 것을 증명한다면 자연스럽게 브랜드 로열티는 올라갈 것이다. 아울러 JP기획은 이러한 내용을 반영해 JP기획은 We마트에 제안하고 기존의 내용을 수정 및 반영하면서 제대로 된 마케팅과 광고로 바꾸어나가야 점점 이용자가 줄어드는 대형 마트의 고정 고객과 충성 고객을 유지할 수 있을 것이다.

복지기업 구글

자본주의 4.0 시대에 많은 기업은 고객에게 사랑받는 것은 물론, 내부 고객인 직원들에게도 사랑받는 것을 목표로 한다. 그 중 대표적인 기업이 바로 구글(google)이다. 구글은 직원들에게 높은 급여를 주고 있으며, 신입사원도 최고위직 임원에게 자유롭게 질문할 수 있는 분위기를 만들어 일하고 싶다는 마음과 애사심까지 갖게 한다. 또, 보다 숙련된 지식과 기술을 갖고 있는 박사급 엔지니어를 많이 뽑아 업무 처리 속도를 빠르고 높게 하고 있다. 복지 제도 역시 상당한데 유연 근무와 함께 사내에 있는 구글 플렉스(Googleplex)라는 공간이 손꼽힌다. 이곳은 6만여 명이 넘는 직원들이 다양하게 이용하고 있는데, 구내식당과 카페테리아는 물론 세탁소와 휘트니스 그리고 어린이집처럼 이용되는 놀이방까지 있기 때문에 구글을 가장 일하고 싶은 기업 문화로 만드는 데 일조하고 있다. 이밖에도 협력업체를 존중해 합리적인 가격으로 납품가를 조절하고 있다. 이러한 분위기는 구글의 3대 문화인 실패를 용인하는 것, 직원의 역량을 정확히 파악하는 것, 아이디어 쌓기 등을 유지할 수 있게 했고, 구글뉴스, 애드센스, 지메일 등을 출시하게 해 전 세계의 수많은 사람들이 좀 더 편리한 생활을 할 수 있게 도왔다.

• 사진 출처: about.google

• 사진 출처: www.honest.com

영화 '판타스틱 4', '씬 시티' 등으로 유명한 영화배우 제시카 알바는 The Honest Company라는 기업을 세웠다. 영화 배우에서 성공하는 창업가가 되기 위해 알바는 약 3년 동안 생활용품 업계 전반을 치열하게 공부했고, 친환경 운동가 크리스토퍼 개비건(Christopher Gavigan)과 한국계 미국인 브라이언 리(Brian Lee)를 오랫동안 설득해 사업을 시작했다. 유명세로 물건을 파는 것이 아니라 제품력으로 승부하는 사업가가 될 수 있도록 미국식품의약국(FDA)이 금지하고 있는 유해 화학물질과 유럽에서 안정성을 검증받지 못한 1,300여개의 화학물도 넣지 않은 제품을 만들어냈다. 이러한 과정으로 2012년에 창업해 첫 해 약 110억 원을 시작으로 2016년에는 약 3,000억 원의 매출을 달성했으며, 2017년에는 약 1조 9600억 원으로 기업가치를 평가받기도 했다. 기업가치뿐만 아니라 사회 전반에 걸친 폭넓은 기부를 하고 있으며, 전 직원에게 헬스 케어를 보장하고 스톡옵션을 부여해 더 열심히 일할 수 있는 환경도 만들었다.

3

마케팅의 딜레마, 윤리와 이윤 사이

- 코즈 마케팅

**Brand Marketing &
Brand Storytelling**

마케팅의 딜레마, 윤리와 이윤 사이

조세현 교수와의 미팅을 마친 연주는 다시 L마트에 가지 않고, 조세현 교수가 가르쳐 준 도덕 이론을 기본으로 삼아 윤리적 마케팅을 기반으로 한 코즈마케팅 중심으로 자료를 만들었다. 자신의 발표에 확신을 가지고 있기는 했지만, 걱정스러운 마음이 전혀 없진 않았다. 흔히 생각하는 마케팅이라는 것은 물건이나 서비스를 잘 판매하고 브랜드를 잘 알리는 것에 치중해 있고, 연주 역시 그 틀을 벗어나서 생각한 적은 이번이 처음이라고 해도 과언이 아니었기 때문이다. 또 동기들이 준비한 자료를 흘깃 보니 대부분 각 코너에 있는 제품을 예로 들어서 할인이나 묶음 판매, 매대 진열 등을 마케팅 방법으로 제시한 경우가 많았다. 어떤 친구는 마트뿐만 아니라 편집숍 등을 벤치마킹한 경우도 있었고, 풍부한 사진자료까지 있어서 긴장이 되는 것은 어쩔 수 없었다. 하지만 어떤 일이든 그 바탕이 바르지 않으면 성공할 수 없다고 믿고 싶었던 연주는 자신감을 가지고 발표를 시작했다.

발표의 내용을 윤리라는 근본적인 부분에 초점을 맞추어 발표했지만 마음이 마냥 편하지만은 않았다. 기업과 브랜드에 철학과 윤리가 있어야 함은 당연하지만, 거대 시장 앞에서 철학과 윤리를 바꿀 수밖에 없는 기업의 딜레마는 어떻게 해야 할 지에 대해 진심 어린 결론을 내릴 수 없었기 때문이다. 하지만 그래도 아직 연주는 순수한 마음으로 마케팅을 하고 싶었다. 철학과 윤리를 바꿀 수밖에 없는 이유를 진솔하게 소비자에게 전달한다면 어떨까. 그렇게 하면 소비자에게 공언했던 철학과 윤리도 지키지 못하고, 그로 인해 기업 및 브랜드 가치를 믿어준 소비자들까지 기만한 셈이지 않을까. 하지만 이러한 생각조차도 연주 자신에게 순수함이 남아 있는 것이라는 생각이 들었다.

이러한 연주의 마음과 상관없이 이날도 연주는 뜻밖의 1등을 할 수 있었다. 이날 평가를 했던 선배들은 일반적인 마케팅 이론으로 사례를 분석한 동기 정국이와 윤리적 마케팅 이론으로 사례를 분석한 연주가 막상막하였음을 알려주었다. 둘 다 훌륭한 시장 분석 자료와 뛰어난 PPT 실력을 갖춘 것은 분명하다고 칭찬해 주기도 했다. 그러나 JP기획 같은 대형 광고회사는 무엇보다도 참신함과 창의력이 중요했고, 그래서 틀 안에서 내용을 담은 정국이보다는 틀 밖에서 포괄적으로 볼 수 있었던 연주가 1등을 차지할 수 있었다. 이날의 상품은 회사 인근 레스토랑 상품권이었기 때문에 연주는 이날 발표를 한 동기들과 다같이 회식을 하기로 했다. 모두가 좋아라 하며 찬성했지만, 정국이는 선약이 있다며 아쉬운 기색도 보이지 않은 채 자리 자리로 돌아갔다. 연주는 잠시 어색한 기분을 느끼기는 했지만, 다른 동기들은 회식 분위기를 마음껏 즐겼고 연주를 중심으로 스터디를 조직하자는 말이 나왔다. 새로운 마케팅 기법이 늘 나오기 때문에 JP기획에서는 신입사원의 사내동아리가 전통처럼 있었기 때문이다. 회사에서 넉넉한 지원금까지 나오기 때문에 이날 오지 않은 정국이까지 함께하자며 모두 가볍게 2차까지 마무리했고, 연주는 상쾌한 기분으로 집으로 돌아오면서 오랜만에 대학 동기 영준이를 생각했다. 조세현 교수님과 효준 선배에게 많은 도움을 받으면서 영준이와 연주는 마케팅에 대해 해박한 지식을 갖게 됐기 때문이다. 정국이와도 그런 관계를 기대하면서 오늘 함께하지 못해 아쉽다는 메시지를 보내며 하루를 마무리했다.

코즈 마케팅 - 머리보다 마음을 움직이자

환경과 동물권에 대한 관심이 많아지면서 환경을 생각하고 동물실험을 하지 않는 브랜드의 제품들이 고객에게 더 사랑을 받는 경향이 있다. 재활용을 많이 하거나 유기농으로 만든 제품을 더 선호하고, 동물실험을 하지 않은 화장품이나 동물 성분을 사용하지 않은 식품들을 찾아서 구매하는 것이 바로 그 증거다. 또 사회적으로 좋은 일을 하는 기업이나 브랜드의 제품은 구매하고, 그렇지 않은 기업이나 브랜드의 제품은 불매를 하거나 소비를 급격히 줄인다. 이렇게 기업과 사회적 이슈가 어우러져 상호이익을 위해 전략으로 연계하면서 고객의 마음을 움직이는 마케팅이 바로 코즈 마케팅이다. 가격이 저렴하거나 품질이 좋은 제품을 선택하는 것이 이성적이고 합리적인 소비지만, 환경이나 동물권을 중시하는 사람들은 조금 가격이 비싸거나 품질이 다소 떨어져도 조건에 맞는 제품을 선택하는 것이다. 최근에는 우리나라에서도 코즈 마케팅이 점점 활성화되고 있는데, 최종적으로는 윤리적이면서 신뢰할 수 있는 브랜드로 성장하는 것이 목표라고 할 수 있다.

코즈 마케팅은 고객의 수준이 높아지면서 나타난 마케팅 중 하나다. 똑똑한 고객들이 늘어나면서 기능이나 품질보다는 그 안에 담긴 브랜드 마인드와 윤리적인 면을 보는 셈이기 때문이다. 하지만 이러한 고객의 시선에 눈을 맞추고, 윤리적인 부분을 충족시킬 수 있는 제품을 만든다면 그 브랜드는 고객에게 있어서 선망과 동경의 대상이 될 수 있는 것은 확실하다.

실제로 윤리적 브랜드는 비윤리적 브랜드에 비해 2배 정도의 성장을 보이는 것이 일반적이다. 커피, 여행 등에서 볼 수 있는 '공정무역'은 가격은 다소 비싸지만, 어린이의 노동력을 이용해 커피를 수확하거나 현지 업체의 서비스 가격을 억지로 낮추는 비윤리적인 서비스를 이용하지 않을 수 있다. 제대로 가격을 지불하고 그 가격이 업체나 사람에게 제대로 갈 수 있다는 데서 코즈 마케팅이 시작되기도 했다.

영화 '해리 포터'의 '헤르미온느'로 유명한 엠마 왓슨은 2010년 패션 브랜드 '피플 트리(People tree)'의 화보에 참여하기도 했고, 사랑의 열매나 유니세프 같은 곳은 인지도가 높고 이미지가 좋은 연예인들을 이용해 기부를 독려하기도 한다.

코즈 마케팅이 가장 활발한 브랜드 중 하나는 바로 화장품이다. 예전에는 화장품의 판매 인증을 받기 위해서는 동물실험이 필수였다. 이제는 과학의 발전으로 더 이상 동물실험을 하지 않아도 되지만, 아직도 동물실험을 하는 브랜드들은 많이 있다. 오직 인간을 위해 피부가 벗겨지고 눈이 머는 등 고통스러운 동물실험을 반대하는 화장품 브랜드들이 꾸준히 늘고 있다.

결국엔 살아남는 브랜드 마케팅의 힘

| 코즈 마케팅 | **아메리칸 익스프레스** |

1984년 미국에서 자유의 여신상 복원 프로젝트를 아메리칸 익스프레스와 연계한 적이 있었다. 고객이 카드를 사용할 때마다 1센트, 신규 회원이 가입할 때마다 1달러씩 자유의 여신상을 복원하는데 기부하는 이벤트였다. 이 이벤트로 인해 당시 카드 사용량이 27% 증가하였으며, 약 170만 달러의 성금이 모이면서 당시 전반적으로 침체되었던 미국의 분위기에 긍정적인 영향을 주었다.

• 사진 출처: www.americanexpress.com

| 코즈 마케팅 | # 탐스 슈즈 |

편하고 간편한 스니커즈로 유명한 탐스는 원 포 원(one for one)으로
유명해진 브랜드다. 신발 한 켤레가 팔릴 때마다 빈민국의 아이들에
게 한 켤레가 돌아간다는 것으로. 매우 좋은 반응을 얻어 할리우드 배
우들도 탐스 신발을 신을 정도였다. 이후 안경, 가방, 커피 등도 출시
했지만 수익의 한계에 부딪쳐 힘든 시간을 보내고 있다. 하지만 이로
인해 초기에 좋은 이미지를 얻을 수 있었고, 지금도 많은 사람들에게
사랑받고 있는 브랜드다.

• 사진 출처: www.toms.com

| 코즈 마케팅 | **라카이코리아** |

• 사진 출처: www.lakaikorea.co.kr

커스터마이징 스포츠 브랜드로 유명한 라카이코리아는 독특한 애국심 마케팅으로 고객의 마음을 움직인 대표적인 브랜드다. 미국인이 시작한 미국 브랜드지만 세계에 우리나라의 역사를 알리면서 감동과 화제를 끊임없이 낳고 있다. 무궁화와 태극기가 그려진 신발과 독도 후원 등을 하면서 일본에서 불매 운동의 대상이 되기도 했지만, 239 개의 판매국 중 하나라며 오히려 3·1절 기념 신발을 내놓기도 했다. 일본과의 관계에 있어 현재도 진행 중인 이슈인 '제7광구' 정보를 제품 박스에 싣고 있으며, 3·1절 기념 한정 패키지를 출시해 신발에 태극기 각인과 함께 밴드, 태극기 스티커 등을 함께 제공하기도 했다. 이와 함께 식민지 시절 일본의 만행을 알리는 내용을 한국어, 영어, 중국어, 일본어 등으로 홈페이지에 게시하기도 했다. 또 한국전쟁에 참전했던 에티오피아의 용사 중 생존해 계시는 139분들에게 세상에서 하나뿐인 모자와 조끼를 제작해 선물하기도 했다. 라카이코리아는 디자인도 예쁘고 가격도 합리적이지만 무엇보다 일본과 관련된 여러 사건들을 바탕으로 애국심을 자극하면서 고객의 선택을 받고 있다.

코즈 마케팅 거짓과 진실, 크루얼티 프리

동물실험을 하지 않는 것으로 마케팅을 하는 기업들이 해마다 늘어갔고, 고객들은 '동물실험 안하는 화장품'이라는 키워드로 검색까지 하면서 브랜드들을 골랐다. 동물실험을 하지 않은 제품이라는 뜻의 크루얼티 프리(Cruelty free) 브랜드를 찾은 것이다. 우리나라 역시 2017년 2월부터 동물실험을 실시한 화장품이나 동물실험을 한 원료로 만든 화장품의 수입 유통 판매를 금지하고 있다. 이러한 변화로 인해 많은 브랜드들이 동물실험을 하지 않는다는 것을 표방했고, 고객들은 이를 믿고 오랫동안 그 브랜드 제품을 사용한 경우가 많았다.

그런데 중국에서 화장품을 수입하면서 '동물실험 필수'라는 조건을 내걸었다. 중국의 막대한 시장을 포기하고 싶지 않았던 몇몇 브랜드들은 동물실험을 시작했고, 이 사실을 나중에서야 알았던 해당 브랜드의 사용자들은 배신감을 언급하면서 더 이상 구매를 하지 않기도 했다. 그러나 몇몇 브랜드들은 중국 시장 진출을 포기하면서까지 동물실험을 포기하고 비건 화장품 브랜드로 나아갔다. 영국 화장품 브랜드 '러쉬'는 생산 제품의 80%가 비건 제품이며 매년 동물 대체 실험 연구에 이바지한 개인과 단체에 일정 기금을 기부하고 있다. 아모레퍼시픽은 '이니스프리', '라네즈', '프리메라' 등의 몇몇 제품에서 비건 인증을 받기도 했다. 또 국내 화장품 제조기업 코스맥스는 프랑스 인증 기관(EVE)에서 아시아 최초로 화장품 생산 설비에 대해 비건 인증을 받기도 했다.

고객의 마음을 움직이는 선한 마케팅

농심의 '너구리'와 비슷한 제품으로 오뚜기에는 '오동통면'이 있다. 너구리는 2019년 단일 라면 5위를 차지할 정도로 높은 인기를 얻었지만, 오동통면은 순위 밖에 있을 정도로 그 격차는 컸다.

그러나 예능 프로그램 '맛남의 광장'에서 새로운 기회를 얻었다. 완도를 배경으로 촬영을 하던 백종원 더본코리아 대표와 출연진들은 개학 연기와 단축 수업으로 인해 완도의 농가에 다시마가 2천 톤이나 남아 있다는 사실을 알게 됐다. 어려움에 빠진 농가를 위해 백종원 대표는 군대의 선임인 오뚜기의 함영준 회장에게 전화를 걸었고, 함영준 회장은 완도의 다시마를 구매해 다시마가 한 장이었던 오동통면에 다시마를 두 장씩 넣기로 했다. 오뚜기는 완도에서 다시마 5톤을 구매해 한정판으로 다시마가 두 장인 오동통면을 출시했고, 엄청난 호응을 얻으며 브랜드와 제품을 알리

• 사진 출처: www.ottogi.co.kr

는 것은 물론 초도물량을 완판하는 기록까지 세울 수 있었다.

오동통면만큼 큰 이슈가 되지는 못했지만 같은 프로그램에서 정용진 신세계그룹 부회장과의 에피소드 역시 화제가 됐다. 강원도에서 촬영 당시 상품성이 없어 버려지는 못난이 감자에 대해 농민들이 안타까워하자 바로 정 부회장에게 전화를 걸어 구매를 제안한 것. 정 부회장은 감자 30톤을 구매했고, 전국의 이마트에서 판매했다. 방송을 본 소비자들 역시 농가를 위해 선뜻 구매했고, 3일만에 완판되기도 했다. 라면 판매 순위 밖의 오동통면을 완판 제품으로 만들고, 평소에는 기피하던 못난이 감자를 소비자들이 선뜻 구매했던 것은 다름 아닌 고객의 마음을 움직이는 선한 마케팅의 결과였다. 이후에도 백종원 대표와 정용진 부회장은 꾸준히 협업을 하면서 감동적인 마케팅을 이어가고 있다.

4

라이벌의 등장,
타도 연주

- 브랜드 구성요소와 역할

**Brand Marketing &
Brand Storytelling**

라이벌의 등장, 타도 연주

대학에서 마케팅을 전공한 정국이는 JP기획 입사가 목표였다. 일류 대학교에서 마케팅을 전공했고 수석으로 입학해 수석으로 졸업했기 때문에 가장 큰 광고회사에 들어가는 것이 최고라고 생각했던 것이다. 그래서 누구보다 열심히 입사 준비를 했고, 큰 어려움 없이 합격해 원하는 일을 할 수 있어 매우 기뻤다. 선배들과도 동기들과도 사이가 좋았고 광고 실무를 체계적으로 배울 수 있는 JP기획은 이상적인 회사였다.

그런데 이게 웬일인가! 오리엔테이션의 자유 PPT부터 연주에게 1등을 빼앗겨 버리고 말았다. 게다가 화려한 PPT 실력은 그야말로 자신만만해 대표님부터 팀장님까지 모두 빠져든 것이 정국이 눈에도 보였다. 자신에게 부족한 건 실무 경험뿐이라고 생각했던 정국이는 연주의 발표 실력에 큰 충격을 받았다. 성실하고 매너 좋은 PPT를 진행할 수 있으면 된다고 생각했는데, 연주를 보니 그게 아니었던 것. 자신 있게 내용을 발표하는 것은 물론 거침없이 임원들에게 질문을 하며 호기심을 이끌어내는 발표는 정말 놀라웠다. 처음에는 저렇게 오버하면 임원들이나 팀장들이 싫어하지 않을까 생각했으나 발표를 지켜보면서 정국이의 생각까지 바뀌었다. 인정하고 싶지 않았지만 정국이 눈에는 연주가 스티브 잡스처럼 보이기까지 했다. 하지만 여기서 포기할 수는 없다. 연주가 할 수 있다면 정국이도 할 수 있을 것이 분명했고, 이제부터 매일 다른 사람들의 영상을 보면서 발표 능력을 향상시키겠다고 다짐하며 '타도 연주'를 가슴 속에 새기며 머릿속으로 수십 번 외쳤다.

분노와 질투심으로 힘든 시간을 보낸 정국이가 두 번째 발표에서는 연주를 반드시 이기겠다고 결심한 것은 당연했다. L마트를 몇 번씩 가는 것은 물론, 주말에는 어머니와 함께 다른 지역의 L마트까지 다녀왔다. 직원들 몰래 사진을 찍고 다양한 방식으로 물건을 더 많이 팔 수 있는 브랜드 역할도 연구해 완성도 높은 자료를 만들어 화려한 PPT실력도 자랑했다.

정국이는 브랜드의 역할과 부정적인 측면을 잘 살려 L마트 본사의 특징을 살린 마케팅을 제안했다. 그중에서도 식품제조가 가능하기 때문에 합리적인 가격과 가성비 좋은 품질의 자체 브랜드(PB, Private Brand)를 만드는 것과 최근 인기 있는 캐릭터와 컬래버레이션을 해서 자체 브랜드의 인기를 더욱 높이는 것도 제안했다.

정국이 본인도 이번 자료의 내용에서 창의력이 조금은 아쉬웠지만 어차피 더 이상 발전하기도 쉽지 않은 마케팅의 특성상 이 정도의 꼼꼼함이면 충분하지 않을까 생각했다. 하지만 이것은 정국이의 착각이었다. 선배들은 구체적이면서도 미래지향적인 색다른 내용을 원했고, 참신함이 부족했던 정국이는 결국 2등이 되고 말았다. 사실 정국이 바로 전이었던 연주의 발표를 보면서 정국이는 깜짝 놀란 것이 사실이다. 일반적인 상품 마케팅이 아닌 윤리적인 면을 우선시하는 마케팅이라니 완전히 다른 방향에서 생각하는 것 자체가 자신과는 너무 다르게 느껴졌기 때문이다.

시상이 끝난 뒤 정국이는 연주의 승리를 인정하고 싶지 않았고, 이번에도 지고 만 자신의 무능을 함께 나누고 싶지 않았다. 동기들의 의아해 하는 표정을 보면서도 급한 일이 있다며 무리를 빠져나왔다. 그리고 다음 발표에서는 연주조차 감탄할 수 있는 개성 넘치면서도 누구나 감탄할 만한 최고의 아이디어를 위해 정국이는 서점으로 가서 마케팅 관련 책을 훑어보면서 공부에 여념이 없었다.

브랜드의 역할

제품 또는 서비스를 대표하는 브랜드는 크게 5가지의 역할을 한다. 첫 번째는 소비자에게 구매 욕구를 유발해 가치 제공, 두 번째는 소비자에게 자기만족을 제공하고 사회적 가치를 대리적으로 표현해 주는 수단, 세 번째는 21세기 소비자를 위한 기능적 만족, 네 번째는 사회문화적 관계 차원에서 자신과 자신의 소비에 대한 확신을 제공하는 것, 다섯 번째는 새로운 가치를 만들어 주는 보증서 역할을 한다. 이처럼 브랜드를 소비한다는 것은 자신을 표현하는 수단이기 때문에 매우 중요할 수밖에 없다. 그렇기 때문에 브랜드가 어느 정도 인지도를 얻게 되면 그 자체로 재산이 될 수 있으며, 소비자들은 그 이름만 보고도 제품을 확신하며 구매하곤 한다.

브랜드의 구성 요소

브랜드의 가장 본질적인 요소는 네이밍이다. 제품 또는 서비스에 대해 소비자에게 의도하는 방향과 지침으로 새로운 단어를 사용하는 것이다. 이렇게 생성된 브랜드 네이밍은 소비자들에게 의도된 경험을 요구하기도 한다. 이러한 브랜드 네임은 발음하기 쉽고 브랜드의 특성을 잘 나타내야 하며, 발음할 때도 들을 때도 좋아야 한다. 또 써놓았을 때도 보기 좋아야 하며, 청각적인 요소와 시각적인 요소가 조화를 이뤄야 하며, 목표 고객의 기호와 일치하고 친근한 느낌, 참신함과 독창성, 법적 보호 등을 갖추어야 좋은 브랜드로 성공할 수 있다.

브랜드의 역할	**삼성**

전 세계적으로 제품력을 인정받고 있는 삼성의 브랜드 가치는 세계 6위(2019년 기준, 인터브랜드 선정)다. 이는 수익률, 브랜드 선호도, 브랜드 로열티 등을 종합한 것인데, 1위는 애플이며 구글, 아마존, 마이크로소프트, 코카콜라에 이어 여섯 번째 자리를 차지한 것이다. 심지어 도요타, 맥도날드, 벤츠, 디즈니 등보다 앞선 브랜드 가치를 가진 것은 매우 고무적인 일이기도 하다. 아울러 삼성의 회사 수익은 애플에 이어 2위로, 그 뒤를 폭스콘, 마이스크로소프트, 화웨이 등이 있을 정도로 높은 수준이다. 이렇게 삼성은 국내뿐만 아니라 해외에서도 브랜드 파워를 인정받고 있기 때문에 외국 기업들이 우리나라에서 사업을 할 때는 삼성과 합작회사를 세워 인지도를 높이기도 한다. 우리나라 역시 해외에 진출할 때는 현지의 유명 브랜드와 합작하는 경우가 많다.

• 사진 출처: design.samsung.com

펭수 자기소개서

이름	펭수
나이	10살
경력	없음. 현재 EBS 연습생
꿈	우주대스타

키	210cm	몸무게	103kg(왔다갔다 함)
고향	남극	현재 사는 곳	EBS 소품실 한구석
성격	완벽함. 의욕이 넘치는 편.		

특기	취미	존경하는 인물	가장 슬펐을 때
요들 랩 비트박스 댄스	팬들과 소통하기	방탄소년단 그리고 나 자신	남극에서 덩치가 크단 이유로 다른 펭귄들이 인정을 안 해줬을 때.
가장 힘들었을 때	**가장 기뻤을 때**	**가장 뿌듯했을 때**	**하고 싶은 말**
남극에서 한국까지 헤엄쳐오느라 힘들었다.	EBS 연습생 기회를 얻었을 때.	팬들이 나 때문에 행복하다 해줬을 때	Yo, 자이언트 펭TV, Let's 구독

• 사진 출처: home.ebs.co.kr/giantpeng

꾸준히 인기를 누리고 있는 국내 캐릭터 중 하나가 바로 펭수다. EBS의 캐릭터로 시작해 지금은 그 어떤 캐릭터보다도 다방면으로 활동하며 성인들에게도 많은 인기를 얻고 있다. 펭귄이라는 특성을 살려 동원참치를 시작으로 GS25, 던킨도너츠, 삼립, 스파오, KB국민카드, 뉴발란스, 빙그레 등 다양한 종류의 브랜드와 컬레보레이션을 하면서 완판 캐릭터로 자리잡았다. 100만 개 한정으로 출시한 '남극펭귄참치'는 한달여 만에 완판을 기록했으며, 유튜브 광고 동영상은 국내 광고 중 조회수 1위에 오르기도 했다. 또 GS25에서 출시한 프레시푸드는 출시 4일만에 50만 개를 판매했고, 펭수우산은 평균 대비 30배, 펭수양말은 전년대비 250%가 매출이 올랐다. 펭수와 함께하는 브랜드들도 충분한 파워를 가지고 있지만, 펭수로 인해 이전보다도 더 높은 판매율을 자랑하고 있다.

브랜드의 부정적 측면과 사례
(No Space, No Choice, No Jobs)

21세기가 시작되면서 전 세계적으로 명품 선호 현상이 시작됐다. 경제력이 있는 사람들은 물론, 몇 달치 월급을 모아서 명품 브랜드의 제품을 구매하는 사람들이 많아진 것이다. 이러한 현상에 대한 반작용으로 '노 로고 노 디자인(No Logo No Design)'을 외치는 새로운 소비계층인 노노스(Nonos)족이 나타났다. 이들은 획일적인 명품 브랜드 제품보다 개성과 실용성 그리고 희소성을 가진 개성 있는 제품을 선호한다. 국내에서도 이러한 소비계층이 늘어나면서 일부러 찾지 않으면 볼 수 없도록 브랜드나 로고를 작게 표시하거나 브랜드를 없앤 제품까지 등장하면서 브랜드에 대한 부정적 측면이 여러 곳에서 나타났다.

첫 번째는 No Space로, 브랜드가 소비자의 모든 공간을 상업화시키는 반감에서 나타났다. 화장품, 패션 브랜드 입생로랑(Yves Saint Laurent)은 1997년 런던의 한 거리에 있는 주택들의 전등 교체 비용을 부담하면서 처마 부분에 자사 로고를 넣었다. 이러한 행사 자체가 이슈가 되므로 좋은 광고 효과를 얻을 수 있으리라 생각했기 때문이다. 그러나 일반 가정집을 매장처럼 보이게 해 역효과가 나타났고, 고객으로 하여금 광고를 벗어난 곳에서 살고 싶다는 생각을 갖게 했다.

두 번째 No Choice는 소비자의 선택권을 제한한다는 단점에서 나타난 것으로, 대형 프랜차이즈 브랜드의 독과점이 대표적이다. 굳이 미국을 예로 들지 않더라도 우리나라에서도 흔히 볼 수 있다. 대형마트는 인구 밀집지역에는 어김없이 들어갔으며, 동네 마트와 편의점 업계까지 진출하면서 고객이 선택을 할 수 없을 정도에 이른 곳도 적지 않다. 이러한 기업형 수퍼마켓으로 인해 구멍가게와 전통시장이 위협받을 정도였으며, 이에 정부에서는 월 2회 휴무라는 파격적인 정책을 실행하기도 했다.

No Jobs는 글로벌 기업들이 전 세계를 생산지로 삼으면서 자국의 일자리를 줄이고, 현지에서도 정규직 직원의 비중을 낮추고 비정규직, 임시직 등을 더 많이 고용한 것에서 비롯됐다. 비정규직 비율은 2018년 기준 한국맥도날드 90.3%, 스타벅스코리아 82.3% 등으로 매우 높기도 했다. 이처럼 브랜드 자체가 No Space, No Choice, No Jobs를 야기시키기 때문에 브랜드 마케팅의 부정적 측면이 있다는 것을 감안하고 마케팅을 진행해야 한다.

자체 브랜드(PB, Private Brand)

국내에는 대형마트와 편의점을 중심으로 자체 브랜드(PB, Private Brand)가 활성화되고 있다. 이마트의 노브랜드(No brand), 피코크(PEACOCK)를 비롯해 GS25의 유어스(YOUUS), CU의 '헤이루(HEYROO)', 세븐일레븐의 '세븐셀렉트(7-SELECT)' 미니스탑의 미니퍼스트(MIN1st), 이마트24의 아임e 등이 있는데, 국내 편의점 대부분이 자체 브랜드를 가지고 있다.

자체 브랜드는 비슷한 품질의 상품보다 가격이 저렴하다는 것이 장점으로, 국내 편의점 PB 상품 매출도 꾸준히 늘고 있다. 2015년 CU가 처음 시작하면서 스낵, 도시락, 라면 등이 대표적이며, 신제품이 나오면 블로그나 인스타 등 SNS에서 화제가 될 정도로 인기가 높다. 편의점 점주에게도 경쟁력과 수익을 높일 수 있어 윈윈 전략으로 인정돼 현재 편의점 브랜드에서 판매되고 있는 PB 상품은 수천 개에 달할 정도다. 처음에는 기존의 인기 제품들을 카피했다는 평가도 있었지만, 지금은 편의점이라는 특성을 살려 꾸준히 점유율을 높여가고 있다.

• 사진 출처: gs25.gsretail.com

5

사내 스터디, 브랜드 JP

- 브랜드 네임

**Brand Marketing &
Brand Storytelling**

사내 스터디, 브랜드 JP

연주는 지난 번 동기들과의 모임에서 언급된 사내 스터디를 조직하기로 했다. 자연스럽게 연주가 리더가 되었고, 가능하면 동기 전부가 참여하는 게 어떨까 하는 마음으로 멤버를 모집했다. JP기획의 이번 신입사원은 총 8명이었기 때문에 모두에게 다시 확인 메세지를 보냈으나 단 한 명, 자신은 혼자 공부하는 스타일이라며 스터디 참여를 거절했다. 바로 정국이었다. 지난 번 회식 후에 보낸 메세지에도 답이 없어서 화가 난 것이 아닐까 걱정이 됐는데, 역시 기분이 좋지 않았던 것이 분명했다. 정국이의 대학 동기로부터 정국이가 매우 뛰어난 마케팅 인재였다는 사실을 알고 있었기 때문에 연주는 그의 마음을 이해했고, 시간을 두고 가까워진다면 언젠가는 정국이와도 좋은 관계가 될 것이라고 생각했다.

할 수 없이 연주를 포함해 총 7명이 사내 스터디 모임을 시작했고, 첫 번째 단계로 이름을 짓기로 했다. 네이밍에 대해서는 의견이 분분했다. 광고회사답게 기존 사내 스터디 이름이 매우 독특하고 개성 있는 데다가 선배들이 어떤 이름을 지었는지 관심을 가지니 가볍게 지을 수도 없었던 것. 그래서 연주는 동기들과 의논해 첫 번째 스터디 주제를 '브랜드 네이밍'으로 정했다. 대학 때도 여러 차례 다루었던 주제지만 이번을 기회로 한 번 더 가볍게 훑으면서 동아리의 이름을 한번에 인식시킬 수 있는 좋은 아이디어를 얻고자 한 것이다. 동기들 역시 각자 개인 PPT를 준비했고, 연주 역시 주말을 할애하면서 회사 발표 자료 못지않게 높은 퀄리티의 PPT를 만들었다.

기본적인 브랜드 네이밍에 대한 이론을 정리하다 보니 연주는 문득 스터디의 이름이 떠올랐다. 우수한 광고회사 JP기획과 최고를 꿈꾸는 인재들이 여러 브랜드를 마케팅한다는 뜻이 결합된 단어이기 때문에 의미도 발음도 좋아 브랜드 네이밍의 조건에도 잘 맞았기 때문이다. 동기들 역시 멋진 자료들을 만들어왔고 좋은 네이밍을 많이 추천했기 때문에 최종 결정은 투표로 하기로 했다. 7표 중 6표라는 압도적인 결과로 연주의 네이밍이 결정됐고, 회의실에서 신나는 박수소리와 함께 첫 번째 스터디 모임이 끝났다. 이때 정국이가 회의실 밖을 지나갔고, 불투명한 유리창 속에서 큰 소리로 박수를 치는 동기들을 바라보면서 정국이는 재빨리 혼잣말을 중얼거리면서 그곳을 떠났다. '브랜드 JP'는 내 상대가 안 된다고.

브랜드 네임

브랜드의 가장 본질적인 요소는 브랜드 네임이라고 할 수 있다. 명명하는 기업이나 판매자가 자신의 제품에 대해 소비자에게 인식시키고자 하는 방향이나 지침에 따라 생성된 단어이기 때문이다. 이렇게 만들어진 브랜드 네임은 소비자들이 경험하면서 명명자가 의도한 대로 때로는 다른 방향으로 전개되기도 한다. 브랜드 네임이 사용된 이후에는 소비자들의 경험에 따라 하나의 고유명사가 되기도 하고 일정한 감성을 갖게 되기도 한다. 만약 이러한 과정을 거치지 못한다면 브랜드 네임은 효용성을 가지지 못한 실패작이 되고 만다.

브랜드 네이밍 순서

1 제품 또는 서비스에 대해 기초연구를 한 후, 수백 개의 네임과 콘셉트 후보를 만든 후 10여 개로 추린다.

2 의도하지 않은 의미를 가지거나 분명하게 발음하기 어려운 경우, 이미 사용중이거나 비슷한 브랜드가 있는 경우, 법적 문제가 있거나 추후 마케팅 전략과 어울리지 않는 경우 모두 제거한다.

3 10여 개의 네임은 소비자 조사를 통해 용이성, 유의미성, 함축성 등을 살펴보고, 해외 시장에 진출할 계획이 있다면 현지 조사를 통해 현지에서 유사 브랜드가 있거나 부정적인 의미나 이미지가 있는지도 충분히 검토한다.

4 합의를 거쳐 최종 결정을 내리고 디자인을 결정한다.

브랜드 네이밍의 조건

1. 브랜드를 기억하기 쉽고
   사용하기 쉬워야 한다.
   예) 너구리

• 사진 출처: brand.nongshim.com

2. 발음하기 편해야 하며
   들었을 때도 편안한 느낌이
   있어야 한다.
   예) 맘마미아

• 카페 맘마미아

3. 글자로 써 놓았을 때 총 비율이
   가로:세로가 1:2.3 정도여야
   조화롭다.
   예) VISA

• 사진 출처: www.visakorea.com

4. 상품의 특성을 잘 전달할 수
   있어야 한다.
   예) 초코파이

• 사진 출처: www.chocopie.co.kr

5 | **목표 고객의 기호와**
일치해야 한다.
예) 자이

• 사진 출처: www.xi.co.kr

6 | **친근한 느낌을**
줘야 한다.
예) 애플

• 사진 출처: www.apple.com/kr/iphone-se

7 | **참신하고 독창적**
이어야 한다.
예) 삼성 비스포크

• 사진 출처: www.samsung.com/sec/bespoke/home

8 | **유머와 위트가 적절하게**
들어갈 수 있다면 좋다.
예) 남자라면

• 사진 출처: paldofood.co.kr/User/Brand

9 | **상표 등록 등 법적인**
보호를 받을 수 있어야 한다.

| 브랜드 네임 | **아파트 브랜드의 네이밍** |

우리나라는 아파트 공화국이라고 불릴 정도로 아파트가 매우 많다. 예전에는 단순하게 건설사의 이름을 따서 아파트의 이름을 지었지만, 이제는 한국주택공사의 주공아파트라는 이름조차 볼 수 없는 게 현실이다. 심지어 아파트 브랜드에 따라 집값이 달라진다고 말할 정도다.

1971년 여의도 시범아파트를 시작으로 우리나라의 아파트 역사는 시작됐다. 1970년대 아파트가 처음 생겼을 때는 보통 건설사 이름이 아파트의 이름이었다. 압구정 현대아파트, 반포 주공아파트 등이 대표적으로, 지금도 지역명이 붙은 이 이름은 재건축을 앞둔 고가 아파트의 상징처럼 여겨지기도 한다. 1990년대 분양가 자율화가 시작되면서 아파트 역시 차별화를 위해 새로운 이름을 얻게 됐다. 삼성물산의 래미안(來美安), GS건설의 자이(Xi, eXtra Intelligent, 특별한 지성의 약자), 대우건설의 푸르지오, 대림건설의 e편한세상, 한화건설의 꿈에그린, 롯데건설의 롯데캐슬 등 처음에는 외우기도 쉽지 않은 네이밍을 붙인 것이다. 여기서 또 한 번 차별화를 두고 싶었던 건설사들은 하이엔드를 겨냥한 브랜드 리뉴얼을 시작했다. 대림산업의 럭셔리 주거 브랜드 아크로, 현대건설의 디에이치가 대표적이며, 래미안은 래미안 대치팰리스, 래미안 블레스티지, 래미안 퍼스티지, 자이는 반포 센트럴자이, 청담 자이, 한강밤섬 자이 등 펫네임으로 기존 네이밍을 유지하면서도 이미지를 고급화시키고 있다.

• 사진 출처: www.hillstate.co.kr/Brand, www.xi.co.kr/brand/bi/view

MEMO

6

다크써클 가득한
연주의 회사생활

- 브랜드 론칭

**Brand Marketing &
Brand Storytelling**

다크써클 가득한 연주의 회사생활

JP기획은 독특하게 1월에 공채 모집을 하고 신입사원을 선발한다. 10명 전후가 최종합격이라 많은 인원은 아니지만, 업계 최고의 연봉과 복지 혜택을 자랑하기 때문에 경쟁은 매우 치열하다. 1월에 신입사원을 뽑는 이유는 3월부터 시작되는 다양한 프로젝트에 신선한 아이디어를 가진 인재를 투입하기 위해서다.

그런데 월례회의에서 특별한 프로젝트를 진행하게 되었다는 이야기를 들었다. 홍콩의 글로벌 기업 그랜드 하버 그룹에서 홍콩 내 대형 백화점 식당가에 국내 외식 업체 10여곳이 입점할 예정인데, 기존 브랜드가 아닌 새로운 브랜드를 론칭한다는 내용이었다. 처음에는 기존 브랜드가 입점할 예정이었는데, 브랜드를 선별하고 계약하는 등의 과정이 너무 복잡해 차라리 브랜드를 새롭게 만들겠다는 것이었다. 이 과정을 모두 JP기획에 맡긴다는 것이었고, 브랜드가 많기 때문에 몇 달 동안은 정신없이 바쁠 예정이라는 것이었다. 브랜드가 많은 만큼 연주와 같은 신입사원에게도 선정 기회가 있을 수 있기 때문에 연주는 기대에 부풀었다. 사내외에 스타성을 드러내고 있던 선배들을 제치고 선정될 가능성은 희박했지만, 스스로의 능력을 알릴 수 있는 좋은 기회였기 때문에 가

법게 생각할 수는 없었다. 다행히 저번 스터디에서 브랜드 네이밍에 대한 내용은 정리해 두었기 때문에 두 번째 스터디 주제는 네이밍을 제외한 브랜드의 구성 요소들을 살펴보는 것으로 정했다.

선배들이 지시한 자료들을 찾고 심부름을 다니느라 정신이 없었지만, 연주는 스터디도 새로운 브랜드를 만들어보는 것도 소홀히 하고 싶지 않았다. 그래서 야근과 주말 출근까지 하면서 열심히 준비했고, 덕분에 질 높은 자료와 함께 나름대로 괜찮은 아이디어 그리고 보너스 같은 야근수당도 두둑하게 챙길 수 있었다. 그런데 연주와 함께 매일 야근을 하는 신입사원이 한 명 더 있었는데 바로 정국이었다. 가벼운 인사 외에 특별히 대화를 나누거나 할 상황은 아니었지만, 연주는 늘 이글거리는 눈빛으로 자신을 바라보는 정국이의 시선이 부담스러워 계속 신경이 쓰였다. 다른 동기에게 살짝 이 느낌을 말하니 정국이가 연주를 좋아하는 것이 아니냐는 웃을 수 없는 농담을 하기도 했지만, 정국이의 시선에서 호감을 느낄 수는 없었고 오히려 약간의 불안함이 느껴지기도 했다. 어느덧 스터디 전날, 자료를 마지막으로 저장해서 출력까지 해 놓고 연주는 가벼운 마음으로 퇴근을 했다. 아직도 모니터를 보며 열중하고 있는 정국이를 뒤에 남겨둔 채로.

다음 날 출근해서 어제 하던 새로운 브랜드 만들기 과제를 하기 위해 컴퓨터를 켜자마자 컴퓨터 내에 자신의 자료가 없어진 것을 발견했다. 분명히 날짜 뒤에 '최종'이라는 이름을 붙여서 저장해 두었는데, 비운 적 없는 휴지통까지 온전하게 빈 채로 파일이 깨끗하게 사라져 있었던 것이다. 다행히 백업을 생활화하던 연주는 자신의 클라우드에 저장을 해 놓았기 때문에 문제는 없었지만, 파일이 사라진 것은 매우 당황스러운 일이었다. 클라우드에 있던 내용들을 가지고 계속 과제를 진행했고, 저녁 시간에는 다른 동기들과 함께 같이 저녁을 함께했다.

그런데 웬일로 정국이가 참석하겠다고 해서 모두 내색하지는 않았지만 당황스러운 분위기였다. 정국이는 분위기를 주도하려고 노력했지만, 스터디를 통해 좀 더 가까워진 친구들 사이에서 오히려 더 겉도는 느낌이었다. 그런데 유독 연주를 의식하면서 연주가 어떤 주제로 과제를 하는지 매우 알고 싶어했다. 연주는 거리낌 없이 정국이가 묻는 말에 대답을 해주었고, 정국이는 뭔가 탐색하는 눈빛으로 연주를 바라보면서 답변을 듣고 있었다.

정국이가 갑자기 참석하기는 했지만 모두가 함께하는 시간은 즐거웠다. 새로운 브랜드를 만든다는 것은 쉽지 않은 일이었기 때문에 모두들 다크 서클이 가득한 얼굴이었지만, 하고 싶은 일을 한다는 행복감과 할 수 있다는 자신감은 모두의 얼굴에 쓰여 있었다. 그중 유난히 빛나던 정국이의 의미심장한 눈빛은 아무도 눈치채지 못했지만.

캐릭터

브랜드에 인간적인 성격을 부여해 다양하게 마케팅에 활용할 수 있는 것으로 캐릭 터만한 것이 없다. 다양한 이미지로 표현할 수 있기 때문에 소비자들에게 시선을 끌 기 좋으며, 광고와 포장 디자인 위주에서 많이 활용된다. 대표적으로 시리얼 브랜드 켈로그부터 소셜커머스 티몬의 티모니, CJ ONE의 원스터 등이 대표적이다. 이 밖 에 카카오프렌즈, 라인프렌즈 등은 채팅 서비스를 홍보하기 위해 만들어진 캐릭터 지만, 많은 사람들에게 사랑을 받고 있다. 또 애니메이션으로 시작한 타요, 뽀로로, 핑크퐁, 터닝메카드, 카봇, 시크릿 쥬쥬 등은 장난감 외에 어린이 음료, 식품 등의 광 고 캐릭터이기도 한다. 덕분에 브랜드의 매출은 물론, 캐릭터의 상품화 및 다른 브랜 드와 콜라보를 할 수 있기 때문에 더 큰 시너지 수익을 얻고 있다.

• 사진 출처: kellogg.co.kr

| 캐릭터 | **아바타** |

• 사진 출처: cy.cyworld.com

제임스 카메론 감독의 영화 '아바타'를 보면 의미를 알 수 있듯이 아바타는 '분신'을 뜻하는 산스크리트어 '아바따라(avataara)'에서 유래되었다. 부활을 앞둔 미니홈피 싸이월드와 인터넷 포털 사이트 프리챌 등은 아바타를 차용해 온라인에서 사용자의 역할을 대신하도록 했으며, RPG(Role Playing Game) 등도 아바타처럼 게임 속에서 또다른 자신을 만들어 목표를 이루도록 하고 있다.

결국엔 살아남는 브랜드 마케팅의 말

로고

브랜드 네임을 다른 사람이 쉽고 오래 기억할 수 있도록 시각적으로 구성한 형태로, 종합적인 상징 체계를 나타내는 '심벌'보다는 좀 더 구체적인 것을 의미한다. 예를 들면 'Hello Kitty'라는 글자는 로고이고, 고양이 얼굴같은 이미지는 심벌이 되는 것이다. 헬로 키티처럼 롱런하는 인기 브랜드의 경우, 소비자들은 로고와 심벌을 잘 구분하지 못하기도 한다. 로고는 브랜드의 광범위한 제품을 포괄하는 광의의 아이덴티티라고 할 수 있기 때문에 융통성이 있어야 하며, 추상성, 조화로움 등을 가지고 있어야 성공할 가능성이 높다. 특히 롱런하는 브랜드의 경우, 중간에 리뉴얼을 이유로 캐릭터나 그 성격을 바꾸기도 하는데 아무리 브랜드 파워가 높더라도 성공하기 어렵다. 대표적으로 치킨 패스트푸드점 KFC에서는 기존의 '커넬 할아버지'가 비만의 상징처럼 여겨져서 1990년대 후반에 좀 더 날씬하게 리뉴얼하였으나 매우 좋지 않은 반응을 얻기도 했다. 스타벅스 역시 마찬가지다. 스타벅스의 여신 캐릭터는 총 5번의 리뉴얼을 거쳐 캐릭터의 얼굴 부분만 커지면서 비판을 사기도 했다.

• 사진 출처: www.hellokittyisland.co.kr, www.kfckorea.com

슬로건

몇 개의 단어로 이어지는 슬로건은 브랜드가 소비자를 위해 무엇을 어떻게 하는지 설명하는 짧은 문구라고 할 수 있다. 단순한 홍보보다는 브랜드와 소비자의 정서적 유대를 위한 것이기도 하다. 그래서 슬로건은 한 번 듣고도 기억에 남고 입에 붙을 수 있도록 해야 한다. 슬로건은 로고와 연계해서 사용되는 경우가 대부분이며, 영국에서는 스트랩 라인(Strapline), 미국에서는 태그라인(Tagline), 파워라인, 고객을 움직이는 문구, 죽이는 한 마디 등의 별명을 가지고 있다. 나이키의 'Just Do It', 에이스 침대의 '침대는 가구가 아닙니다. 과학입니다.', 삼성전자의 '이제는 가전을 나답게' 등이 대표적인 슬로건이다. 슬로건은 서술형, 과시형, 명령형, 도발형, 상술형 등으로 나누어지며, 언어적 보이스톤과 시각적 보이스톤이 잘 맞아야 효과적인 슬로건이 될 수 있다.

• 사진 출처: www.nike.com/kr

슬로건	징글

'음악적 슬로건'이라고 할 수 있는 징글은 광고 음악으로 주로 사용된다. 간접적이고 추상적인 내용으로 여운을 길게 남기기 때문에 중독성 강한 멜로디 또는 여기에 가사가 추가된다. 대표적인 징글로 농심 새우깡이 있다. '손이 가요 손이 가~ 새우깡에 손이 가'라는 단순한 노래가사지만, 처음 광고 출시 이후 지금까지도 대표적이자 인기 높은 징글로 자리잡고 있다.

• 사진 출처: www.saewookkang.com

패키지

• 사진 출처: www.coca-colaindia.com

제품의 옷이라고 할 수 있는 패키지는 용기와 포장을 디자인하고 만들어내는 활동이다. 기업 측면에서는 고정되고 가시적인 형상 안에 브랜드 이미지를 담아 효과적으로 전달할 수 있으며, 소비자 측면에서는 브랜드 확인이 가능하고 제품이 배송되거나 보관하는 과정이 좀 더 쉬워진다. 패키지 마케팅으로 성공한 브랜드로는 코카콜라의 유리병, 프링글스 원통형이 대표적이다. 코카콜라는 형체만으로도 브랜드를 인지할 수 있으며, 프링글스 역시 부서지기 쉬운 과자를 좀 더 안전하게 보관할 수 있어 감자칩의 대표적인 패키지가 되었다. 우리나라 제품으로는 빙그레 바나나맛우유가 있는데, 독특한 항아리 모양의 용기는 먹음직스러운 옐로우 컬러는 겉모습만으로도 맛과 향을 떠올리게 한다. 출시 이후 40년 넘게 많은 사랑을 받아온 바나나맛우유는 몇 년 전부터 외국인들에게도 큰 호응을 얻어 한국에 오면 꼭 먹어야 하는 음식 중 하나로 자리잡았다.

타이포

브랜드의 목소리라고 할 정도로 브랜드 아이덴티티를 형성하는 기초적인 구성요소로, 제품의 성격에 따라 적절하게 활용하는 것이 좋다. 타이포는 글씨체이기 때문에 시간을 초월하는 보편성과 대중성은 물론, 고유의 특색으로 자리잡아야 소비자에게 좀 더 쉽게 인지될 수 있다. 대표적인 타이포로는 코카콜라의 스펜서체, 디즈니의 Waltograph, KT의 올레체, 현대카드의 유앤아이체 등이 있다.

• 사진 출처: www.disney.co.kr, corp.kt.com

컬러

컬러 컨설턴트 캐시 라만쿠사(Cathy Lamancusa)는 "소비자가 제품에 대해 가지는 첫 인상의 60%는 컬러에 의해 결정된다."고 말할 정도로 컬러를 중시했다. 실제로 컬러는 제품의 첫인상과 호감을 결정하는 데 매우 주요한 영향을 미치며, 기업의 철학과 정체성을 반영하기도 한다. 컬러를 사용할 때는 세 가지를 고려해야 실패하지 않고 브랜드 아이덴티티로 오랫동안 유지할 수 있다.

1 컬러의 물리적 특성을 통달해야 하며, 돋보임, 역동적인 긴장감, 가독성 등으로 그래픽 디자인과 관계가 높다.

2 특정 컬러가 어떤 사람들에게 어떤 느낌을 주는 지 파악해야 한다.

3 문화권에 따라 달라지는 컬러의 연상작용을 이해해야 한다.

컬러를 브랜드 아이덴티티로 잘 사용한 브랜드는 매우 많다. '녹색창'이라는 별칭을 가지고 있는 네이버, 강한 레드 컬러로 브랜드를 상징하는 코카콜라, 옐로우 컬러로 수많은 어플들을 가진 카카오톡, 블루의 상징이 되어버린 삼성, 환한 노란색의 맥도날드, 그린과 오렌지를 조화롭게 만든 에스오일 등이 대표적이다.

• 사진 출처: www.mcdonalds.co.kr, www.s-oil.com/company

| 컬러 | **포브스 선정 1000대 기업 70%의 칼라는?** |

21세기는 컬러 마케팅의 시대라고 해도 과언이 아닐 정도로 글로벌 브랜드에서는 컬러를 중시하고 있다. 브랜드를 생각하면 로고보다도 먼저 떠오르는 것이 바로 컬러로, 브랜드의 아이덴티티와 가치를 상징하기 때문이다. 셀 수 없을 정도로 다양한 컬러가 있지만, 가장 성공하는 컬러는 무엇일까? 바로 파란색(Blue)이다. 미국 경제지 포브스(Forbes)에서 선정한 1000대 기업 가운데 무려 70%가 파란색 계열의 로고를 채택하고 있을 정도다.

파란색은 자연과 가장 잘 어울리는 색으로, 바다 또는 하늘이 연상되기 때문에 평온하고 안정적인 이미지를 가지고 있다. 또 사람의 마음을 편안하게 해 주는 데다가 생명력, 신뢰 등 긍정적인 의미를 담고 있다. 실제로 글로벌 브랜드에서 가장 많이 사용되고 있으며, 국내 삼성을 비롯해 IBM, GE, 인텔, 필립스 등의 내로라 하는 전자제품 브랜드에서는 대부분 파란색을 사용하고 있다. 또 우리은행, 기업은행 등에서도 파란색을 쓰고 있는데, 금융기관이 가진 브랜드 가치가 신뢰와 안정감이기 때문이다.

• 사진 출처: www.samsung.com, spot.wooribank.com

MEMO

7

대망의
홍콩 그랜드
하버 프로젝트

- 좋은 브랜드 만들기

**Brand Marketing &
Brand Storytelling**

대망의 홍콩 그랜드 하버 프로젝트

JP기획에서 신입사원들에게 낸 새로운 브랜드 론칭 과제를 위해 연주는 주말에도 계속 일을 했다. 아직은 신입사원이기 때문에 기본에 충실한 브랜드를 만들고 싶었고, 그래서 브랜드 관련 이론에서 조금도 벗어나지 않는 그런 교과서 같은 브랜드를 만들고 싶었다. 그래서 새로운 브랜드의 콘셉트를 잡기에 앞서 관련 이론을 탄탄하게 만들었다. 좋은 브랜드란 무엇인지 그리고 좋은 브랜드를 만들기 위해서는 어떤 부분을 감안해야 하는지.

하지만 이론적으로 안다고 해도 좋은 브랜드를 만드는 것은 쉽지 않았다. 실제로 적용될 가능성은 제로에 가깝기 때문에 부담을 가지지 않으려고 했지만, 평소 완벽주의적 성격을 가진 연주로서는 그것도 쉽지 않았다. 그래서 연주는 기초부터 탄탄하게 브랜드에 대해서 다시 한 번 공부해 보기로 했다. 이론적인 내용을 다시 한 번 체크하고 그에 따른 예시들을 하나하나 떠올리면서 꼼꼼하게 브랜드의 특징을 연구해 보는 것이다. 다 아는 내용 같아도 브랜드들을 하나하나 적용하다 보면 새로운 아이디어가 떠올랐고, 좋은 브랜드라고 생각했던 것들도 적용해 보면 예시에서 벗어난 것들도 있어 고민은 계속 됐다.

이론적으로 다양한 내용들을 접했지만 무엇보다 중요한 것은 고객사가 제시한 기본 콘셉트라는 생각을 했다. 아무리 좋은 아이디어, 브랜드, 마케팅이라고 해도 고객사가 만족하지 못하면 채택될 수 없었기 때문이다. 그래서 연주는 웹하드에서 고객사와 JP기획의 브랜드 기초 자료를 살펴보았고, 그 내용을 이해하면서 조금씩 뼈대를 세울 수 있었다. 고객사에서 제시한 브랜드 콘텐츠는 총 9개로, 고깃집, 디저트 카페, 와인 바, 육개장, 짬뽕, 돈까스, 삼계탕, 치킨, 포차 등이었다. 한번에 9개의 브랜드를 생각해 낼 수는 없으니 한 가지부터 시작해야 할 텐데, 그 한 가지를 정하는 것조차 쉽지 않았다. 고객사의 기본 콘셉트와 외식 브랜드는 어떻게 이루어져야 글로벌 도시 홍콩에서 인기를 얻을 수 있을까? 퇴근길의 연주에게 길거리의 수많은 간판들이 마치 무언가 아이디어를 줄 듯 말 듯 한 표정으로 바라보는 느낌이었다. 그리고 연주는 그 생각들을 간단하게 정리했고, 중국 진출 브랜드의 기본 콘셉트를 정리해 보았다. 정리하다 보면 당연한 말 같기도 했지만, 기본에 충실한 브랜드를 만들기 위한 기준점이라는 생각이 들어 꼭 필요한 과정이기도 했다.

홍콩 진출 브랜드의 기본 콘셉트

1. 브랜드는 한국어로 만들지만, 한국어는 물론 중국어로 발음하기 쉬워야 한다. 아무리 한국어로 좋은 의미라고 해도 중국어로 발음이 어렵거나 좋지 않은 느낌을 준다면 중국인들에게 인기를 얻기 어렵다.

2. 중국어는 한 글자 한 글자 자체에 뜻을 가지고 있는 만큼 글자와 의미가 모두 좋은 의미를 가지고 있어야 한다.

3. 외식 메뉴와 매장 그리고 브랜드의 콘셉트가 일치할 수 있어야 한다. 여러 개의 브랜드를 동시에 론칭하는 만큼 통일된 흐름을 타면서도 중복되면 안 된다.

4. 어느 지역에 한정되지 않은 확장성을 가지고 있어야 한다. 현재는 홍콩에 오픈하는 브랜드지만, 추후 중국 전역에 진출할 수 있는 가능성을 염두에 두어야 한다.

좋은 브랜드의 특징

1 기억의 용이성
소비자가 구매 시점에서 브랜드와 특징을 잘 기억할 수 있어야 한다.

2 쉬운 의미 전달성
브랜드의 고유 특성을 어렵지 않은 단어와 뜻으로 잘 전달할 수 있어야 한다.

3 전환 가능성
차후에 브랜드가 확장되었을 때, 지역적·국제적 경계를 극복할 수 있어야 한다.

4 적용 가능성
시간이 흘러도 소비자의 가치와 라이프 스타일을 계속 반영할 수 있어야 한다.

5 법적 보호 가능성
브랜드의 고유성을 보장하고 경쟁사의 모방을 법적으로 방지할 수 있어야 한다.

브랜드와 소비자와의 관계

브랜드와 소비자는 처음에는 서로 모르는 사이였지만 브랜드 재인과 회상을 통해 브랜드 인지도를 쌓아가고, 사전경험을 통해 친밀함을 느끼면서 브랜드 친숙도로 발전하게 된다. 브랜드에 대해 만족을 하게 되면 조금씩 충성도를 갖게 돼 브랜드 선호도를 갖게 되고, 반복구매를 하는 것은 물론 주변에 강력하게 구매를 추천하면서 브랜드 충성도로 발전하게 된다.

| 브랜드 인지도

소비자가 제품을 구매할 때 특정 브랜드를 떠올리거나 브랜드를 알아보고 구매에 까지 이르도록 하는 출발점을 의미한다. 해당 브랜드에 대해 다양한 상황에서 특정 브랜드를 인식하고 가장 먼저 반응하는 요소로, 브랜드와 소비자와의 관계에서 가장 하위 단계를 형성한다. 제품을 필요로 하는 욕구와 브랜드 네임을 잘 연결시켜서 반복적으로 인식시키는 것이 좋으며, 이때 슬로건, 징글 등을 활용하면 효과적이다. '모기 살충제' 하면 '에프킬라', '소화제' 하면 '활명수', '두통약 또는 진통제' 하면 '아스피린, 게보린' 등을 떠올리는 것 등이 대표적이다.

• 사진 출처: www.dong-wha.co.kr/product, www.scjohnson.com/ko-kr

| 브랜드 친숙도

소비자가 특정 브랜드에 대해 인지하고 느끼는 친밀감, 사전 경험 등 모든 것을 의미한다. 브랜드 친숙도가 높으면 브랜드에 대한 정보도 많으며, 정보가 많을수록 높은 신뢰도를 가지게 된다. 그래서 친숙도가 높으면 좋은 제품이라고 인식하게 되며, 광고도 반복할수록 브랜드에 대해 더 호의를 갖고 구매도도 증가하게 된다. 브랜드 친숙도는 인지도에서 선호도로 가는 중간 단계이기 때문에 소비자와 꾸준한 관계를 가지면서 그 정도를 높여야 한다.

| 브랜드 선호도

친숙함을 넘어 다른 브랜드에 비해 상대적으로 더 높은 가치를 부여하게 되는 단계다. 소비자가 다양한 브랜드를 경험하면서 가장 만족스러운 브랜드에게 부여하는 가치라고 할 수 있으며, 인지도와 친숙도와 달리 태도적인 차이를 가지고 있다. 높은 인지도와 장기간의 친숙도를 가진 브랜드만이 가질 수 있는 단계이기도 하다.

| 브랜드 충성도

소비자가 특정 브랜드에 대해 가지고 있는 애착의 정도를 의미하며, 전환비용은 물론 경쟁사의 침투를 막는 장벽을 만들어주기 때문에 미래 이익과 관련해 매우 중요한 지표이기도 하다. 브랜드 가치 중에서도 가장 핵심 자산이라고 할 수 있으며, 강렬한 감성적 애착과 감성 이미지, 즉 SFU(Strong : 강한 인지도, Favourable : 높은 선호도, Unique : 독특함)를 가지고 있는 것이 특징이다. 소비자가 브랜드 충성도를 갖게 되면 반복구매와 구매추천을 하게 되고, 마일리지, 포인트, 스탬프 적립 등 구체적인 부가 인센티브가 생기면 구매의사는 더욱 강력해진다.

MEMO

8

첫 번째 도전,
와인바 브랜드

- 애플 브랜드 분석하기

**Brand Marketing &
Brand Storytelling**

첫 번째 도전, 와인바 브랜드

홍콩에 진출할 9개의 브랜드 중 연주가 최종적으로 고른 것은 바로 와인바 브랜드였다. 동기들은 카페나 치킨 브랜드 등이 더 대중적이고 한국의 느낌을 잘 살릴 수 있기 때문에 더 쉽지 않을까 생각해 선택하기도 했지만 연주의 생각은 달랐다. 조금 독특하면서도 생각할 거리가 많은 브랜드를 만들어보고 싶었기 때문이다. 와인바의 기본적인 콘셉트는 식사와 와인을 함께할 수 있는 고급 레스토랑 분위기였고, 중국에서도 이런 레스토랑을 찾는 고객은 경제적으로 여유가 있어야 한다고 생각했기 때문에 꼭 중국어가 아닌 영어를 사용해도 좋겠다는 생각을 했다.

국내 와인바 매장들을 보면서 아이디어를 떠올리던 연주는 문득 모방은 창조의 어머니라는 생각을 떠올렸다. 가장 성공한 브랜드를 분석해보면서 그 길을 따라가면 어떨까 하는 생각을 했고, 아이폰, 아이패드, 맥북프로, 애플 워치, 에어팟 등을 사용하는 애플빠인 연주의 선택은 단연 애플이었다. 애플이 하나하나 만들어간 흔적을 따라가다 보면 연주가 만드는 와인바 브랜드도 좀 더 합리적인 선택이 될 수 있으리라 생각했기 때문이다.

애플이라는 브랜드의 기본적인 내용을 살펴보면서 연주는 애플의 어떤 점이 마음에 들어서 사용하게 됐는지를 곰곰히 생각하기 시작했다. 제품 성능도 디자인도 마음에 들었지만 가장 좋은 점은 언제나 실망시키지 않는 신제품이었다. 맨처음 스마트폰으로 아이폰을 사용했을 때의 기대는 얼마나 컸던가.

문득 얼마 전에 읽은 사샤 로보의 책 <리얼리티 쇼크>가 생각났다. 저자는 다 크다 못해 늙은 어른들이 애플의 신제품을 사기 위해 줄을 서고 바닥에서 잠을 자며 기대한 것은 바로 '설렘'이라고 말하고 있었다. 연주는 애플 브랜드의 특징을 정리하면서 마지막으로 '설렘'이라는 글자를 써 넣었다. 브랜드를 만들 때 가장 중요한 것은 다름 아닌 두근거림이었다.

이 브랜드의 맛, 메뉴, 제품은 어떨까 하는 두근거림. 그것은 처음일 때는 물론 이미 경험했을 때도 느낄 수 있는 것이었다. 이제 아이폰도 혁신적인 부분은 많이 사라졌지만, 매번 적지 않은 돈을 들여가면서 구매할 때마다 설렘은 여전하기 때문이다. 그리고 그 설렘을 와인바 브랜드에 담고 싶었다.

애플 브랜드 분석하기

| 네이밍

스티브 잡스(Steve Jobs, 1955~2011)는 유기농 사과농장에서 공동체 생활을 한 적이 있었는데, 매우 즐겁고 행복했던 경험이기 때문에 회사 이름을 'APPLE'로 제안했다. 그러나 공동동업자인 워즈니악(Steve Wozniak, 1950~)은 영국 가수 비틀즈가 세운 회사 네이밍과 같다는 생각에 망설였다. 스티브 잡스는 이를 감안해 'Apple Computer'를 제안했고 이렇게 지금의 '애플'이 결정됐다. '애플'이라는 브랜드 네이밍은 친숙하고 발음이 쉬운 데다가 자연에서 온 이름이기 때문에 컴퓨터, 핸드폰 등 복잡한 전자제품 느낌에 친근감을 주는 역할을 하고 있다.

| 로고

공동 창업자인 론 웨인이 초창기에 그린 'Apple Computer'의 로고는 사과나무 밑에 앉아 있는 뉴턴의 모습을 그린 것이었다. 이후 정식 법인이 된 후에는 디자이너 롭 야노프가 로고를 만들었는데, 귀엽게 만들지 말라는 스티브 잡스의 지시로 '한 입 베어문 사과'를 로고로 만들었다. 온전한 사과의 모습은 체리처럼 보일 수도 있다고 생각해 한 입 베어 먹은 현재의 애플 로고를 만든 것이다. 한 입 베어먹은 사과는 더욱 친숙해 보였으며, 노트북 시리즈인 맥북 라인에서는 전원을 켜면 사과 부분에만 빛이 들어와 더욱 인상적인 효과를 주었다. 그러나 2013년 뉴맥북 시리즈가 나온 이후에는 사과 부분에도 빛이 들어오지 않아 마니아들에게 아쉬움을 주었다.

| 슬로건

애플 홈페이지를 가면 흔히 볼 수 있는 "Think Different(다르게 생각한다)"가 애플의 슬로건이다. 문법적으로는 "Thinking Different"가 맞지만 문법을 파괴하면서 남들과 다르게 생각한다는 것을 말한 셈이기도 하다. 이 슬로건은 애플의 차별과 개성에 더욱 공감하게 만들어주는 요소가 되었고, 지금까지 쓰이면서 애플을 상징하는 대표적인 슬로건이 되었다.

| 패키지

애플의 제품들은 모두 고객을 배려하여 디테일하고 섬세하게 하지만 간결한 패키지를 가지고 있다. 특히 다른 브랜드나 디자이너들이 쉽게 지나칠 수 있는 뒷면과 바닥 부분까지 시각적으로 디자인하면서 심미안을 가진 소비자들에게도 어필할 수 있다. 2002년 비즈니스 위크는 애플의 일체형 컴퓨터인 아이맥을 '최근 10년간 최고의 디자인'이라고 평가할 정도였다. 제품뿐만 아니라 제품을 포장하는 상자도 매우 깔끔하고 간결하고, 구성품 역시 최소한으로 만들고 있다.

• 사진 출처: www.apple.com

로열티의 끝판왕, 앱등이 vs 삼엽충

브랜드에 있어서 가장 최고의 고객은 높은 로열티를 가진 사람들이다. 대표적으로 애플 제품이면 돈을 아끼지 않는 애플의 로열티 높은 고객들, 즉 앱등이(미국에서는 '애플 팬보이'라고 부른다)가 있다. 앱등이는 모든 전자제품 라인업을 애플 제품으로 하는 경우가 대부분인데, 사용하지 않는 데스크탑이나 노트북을 연도별로 모으는 사람도 종종 볼 수 있다. 이와 대조적으로 삼성 제품에 높은 로열티를 가진 고객들은 삼엽충이라고 부른다. 사실 앱등이도 삼엽충도 기본적으로는 비하하는 표현이지만, 이들의 로열티를 이만큼 잘 표현하는 단어가 없는 것도 사실이다.

애플은 컴퓨터를 만들기 시작한 후부터 지금까지 수많은 마니아들이 있었다. 애플을 사용한다는 것은 그 자체로 진보적이라는 마케팅 그리고 늘 파격적이었던 스티브 잡스의 프레젠테이션까지 새로움에 목말랐던 마니아들을 충족시켜주기에는 충분했다. 그리고 매킨토시 이후 아이폰을 만들면서 전 세계적으로 폭발적인 인기를 얻고 있다. 물론 애플의 제품이 높은 시장 점유율을 차지하면서 제품을 사용해 본 사람들은 불만을 제기하기도 한다. 아이튠즈의 불편한 파일 관리, 을이 되어버리는 AS 정책 그리고 부담스러운 높은 가격은 시간이 지나도 변하지 않았기 때문이다.

스마트폰 초창기에는 애플이 거의 독보적인 성능과 디자인을 자랑했지만, 삼성 갤럭시를 비롯해 안드로이드 폰들이 출시되면서 앱등이에 비견되는 삼엽충이 나타나기 시작했다. 스티브 잡스는 삼성을 비롯한 안드로이드 폰들이 애플의 카피캣이라면서 대놓고 비난하기도 했으나 애플의 단점을 보완할 수 있는 브랜드 갤럭시는 많은 인기를 얻었다. 이후 많은 사람이 아는 것처럼 2011년 4월 애플은 삼성을 특허소송전으로 제소하고, 두 달 뒤 6월에 삼성은 애플을 특허침해로 제소했다. 이때부터 애플과 삼성의 로열티 높은 고객들은 서로의 브랜드를 공격했다. 애플 마니아들이 보기에 삼성 마니아들은 계몽해야 하는 대상이었으며, 삼성 마니아들이 보기에 애플 마니아들은 합리적이지 못한 OS 시스템에 만족하는 소비자로 보였기 때문이다. 당시만 해도 애플 vs 삼성의 대결구도는 흥미진진했지만, 이제 스마트폰 시장은 애플과 삼성 외에 여러 중소 브랜드들이 나오면서 많이 달라졌다. 두 브랜드 모두 예전에 비해 점유율이 낮아졌지만, 브랜드에 대해 애정을 가진 이들의 로열티는 여전히 높다. 비록 서로를 비하하기 위해 만든 단어지만, 브랜드 입장에서는 이보다 고마운 이들은 없을 것이다. 무조건적인 믿음으로 자사의 제품을 꼬박꼬박 써 준다는 것은 결국 브랜드 마케팅을 하는 궁극적인 이유이자 결과일 것이다.

• 사진 출처: www.samsung.com, www.apple.com

MEMO

결국에 살아남는 브랜드 마케팅의 힘

9

홍콩에서
만나는 와인바,
<哦, 파리쥬당!>

- 브랜드 아이덴티티

**Brand Marketing &
Brand Storytelling**

홍콩에서 만나는 와인바, <哦, 파리쥬당!>

브랜드에 대한 기본 개념을 잡았기 때문에 연주는 네이밍을 해보기로 했다. 네이밍을 하면서 브랜드 콘셉트도 잡아갈 수 있다고 생각했기 때문이다. 다행히 연주는 대학에서 중국어 교양수업을 두 학기 들었기 때문에 기본적인 중국어를 알고 있었고, 중국어를 전공한 친구도 주변에 몇 있었기 때문에 도움을 받기에는 충분했다. 연주는 와인과 어울리는 중국어 단어들을 정리했고, 와인바가 메인인만큼 '와인'이라는 느낌이 주는 분위기를 살려보고 싶었다. 중국어는 그 특성상 외국어 발음을 그대로 살려도 한자로 쓰기 때문에 새로운 단어가 될 때가 많은데, 와인 역시 우리나라처럼 '와인'이라는 명사를 그대로 쓰는 게 아니라 葡萄酒(포도주), 红酒(홍주)라고 말한다. 모던한 느낌의 이탈리안 레스토랑에 포도주, 홍주라는 단어는 어울리지 않는다고 생각했다. 그래서 가능하면 중국어가 들어가면서도 촌스러운 느낌이 들지 않는 부드럽고 쉬운 발음을 이용해 만들어보고 싶었다.

이때 연주의 눈에 들어온 것은 바로 감자 과자들이었다. 평소 감자 과자를 좋아해 자주 먹곤 했는데, '오 감자, 눈을 감자' 등이 들어왔던 것. 단순하면서도 중의적인 의미를 가진 이 단어들이 마음에 들었던 연주는 이를 활용해 네이밍을 해보기로 했다. 간단한 감탄사를 붙여보는 것은 어떨까 하는 생각을 했고, '오(哦, 감탄사) 와인', '허(喝, 마시다) 와인', '지유, 쥬(酒, 술)' 등의 단어를 써봤다. 간단하게라도 배워보고 싶어서 신청했던 교양 과목이 이렇게 도움이 될 줄은 몰랐기 때문에 연주는 신나게 이름을 지어봤다. 와인을 명사로 두고 감탄사나 동사를 붙이는 것만 해도 꽤 근사한 네이밍이 될 수 있었기 때문이다. 자연스럽게 단어를 발음해 보던 연주는 '오! 지유 or 오! 쥬'라는 단어가 마음에 들었는데, 이 단어를 좀 더 활용해 보고 싶었다. 와인 하면 떠오르는 것을 생각하다가 유럽 그리고 파리가 생각이 났고, '파리의 술집'이라는 느낌으로 '파리쥬당'이라는 단어를 떠올렸다. 쉬운 단어이기 때문에 중국어를 조금만 아는 외국인도 쉽게 이용할 수 있고, 인테리어 소품 몇 개로도 파리의 분위기를 느낄 수 있기 때문에 괜찮은 아이디어라는 생각이 들었다.

마음에 드는 네이밍을 했기 때문에 의미를 부여하는 것은 더욱 쉬운 일이었다. '오, 파리쥬당'은 한글로 써도 예뻤고 'Oh, Paris Jiu Dang'으로 영어와 병음을 써도 괜찮았으며, 한눈에 알아보기도 쉬웠기 때문이다. 그렇게 네이밍을 짓고 나니 브랜드 콘셉트도 좀 더 명확해졌다. 친근하고 긍정적인 느낌을 줄 수 있는 부드러운 발음도 괜찮다는 생각이 들었기 때문이다. 또 너무 멀리 있는 느낌의 이름보다는 파리 현지에서 먹을 수 있는 적당한 가격을 책정해, '와인이 현지에서 먹는 것처럼 저렴하다니, 레스토랑이 이렇게 괜찮다니!'라는 감탄의 느낌으로 해석해도 좋다고 생각했다. 이렇게 하나를 마무리하면서 연주는 뭔가 해냈다는 생각에 마음이 가벼워졌다. 추가 내용을 작성하는 것은 어렵지 않은 일이었기 때문에 이번 주는 여유 있게 주말을 보낼 수 있다는 생각에 행복해졌다.

연주는 '哦, 파리쥬당'이라는 브랜드 네이밍이 볼수록 마음에 들었다. 어쩌면 조금은 브랜드 중 하나로 선택될 수 있을 지도 모른다는 기대감도 갖고 있었다. 백화점 내에 입점할 브랜드였기 때문에 적당히 고급스러우면서도 적당히 캐주얼한 느낌을 갖고 있었고, 감탄사 한 단어로 인해 잠재적 소비자들이 브랜드를 어떻게 느끼는지 평가할 수 있었다. 또 사람들이 기대하는 가치, 즉 가성비 좋은 와인바 라는 기대치를 충족시킬 수 있음을 네이밍에서도 알 수 있었기 때문이다. 여기에 어울리는 다양한 와인을 구비하고 어울리는 파스타, 스테이크 등은 셰프의 몫이겠지만, 만약 브랜드로 선정이 되고 여기에 연주가 함께할 수 있다면 메뉴 이름도 같이 정해 보면 어떨까 하는 생각도 들었다. 중국어를 잘 하는 사람보다 자신처럼 조금 아는 사람이 오히려 한국스러우면서도 중국스럽고 그 안에서 이국적인 분위기가 느껴지는 네이밍을 할 수 있다고 생각했기 때문이다.

브랜드 아이덴티티의 정의

아이덴티티, 특히 브랜드의 아이덴티티란 생각(thinking), 행동(action), 반응(re-action)의 3가지 요인으로 구성된다.

먼저 '생각'은 남들과 다른 생각을 하는 것, '행동'은 남들과 다른 행동을 하는 것, '반응'은 남들과 다른 반응을 하는 것을 말한다. 오늘 아침 출근을 하는데 날씨는 흐리고 강우 확률이 50%라면 어떻게 해야 할 것인가. 비가 올 지 안 올 지 가능성을 먼저 '생각'하고, 이에 대한 대비를 할 지 안 할 지에 대해서 '행동'하고 비가 왔을 때 우산을 들 지, 비옷을 입을 지 아니면 그냥 비를 맞을 지 '반응'하게 된다.

어떤 선택을 하느냐에 따라 그 사람은 준비성이 있는 사람이 될 수도 있고 없는 사람이 될 수도 있다. 또 그냥 우산만 가져가는 것이 아니라 비옷과 레인부츠까지 철저하게 챙긴다면 꼼꼼한 사람이 될 수도 있다. 준비 없이 나갔다가 비를 맞게 됐으나 흠뻑 맞으면서 그냥 걸어간다면 비를 맞을 줄 아는 낭만 있는 사람이 될 수도 있다.

이처럼 아이덴티티는 다른 사람 또는 다른 브랜드와 자신의 차이를 분명하게 보여주는 구성 요인이라고 할 수 있다.

브랜드 아이덴티티의 수립

새로운 브랜드를 만드는 것은 적지 않은 시간과 비용이 들어가는 일이다. 그렇기 때문에 기업은 자사 브랜드를 최고의 브랜드로 만들 수 있는 방법을 생각하고 차별화된 전략을 수립 및 실행한 후에 시장 상황을 보면서 변화에 대응할 수 있는 방법을 찾는 것이 아이덴티티를 수립하는 가장 기본적이고 효율적인 방법이다. 이 과정은 자기자각-자기존중-자기충족적 예언 등의 3단계로 발전하면서 그 브랜드의 성격에 맞는 아이덴티티를 비로소 갖게 된다.

먼저 자기자각(self-awareness)은 자신이 누구인지를 자각함으로써 미션을 뽑아내는 단계를 의미하며, 자아존중(self-esteem)은 다른 사람이 자기자신을 어떻게 생각하는지에 대한 평가이고, 자기충족적 예언(self-fulfil)은 자신에 대한 사람들이 기대하는 가치를 충족시키고자 하는 단계라고 할 수 있다. 여기에 브랜드를 대입한다면 브랜드는 자기자각 단계에서 해당 브랜드가 어떤 정체성을 가져야 하는 지 알 수 있으며, 자아존중 단계에서는 다른 사람들이 그 브랜드를 어떻게 생각하는 지를 알 수 있어야 하며, 자기충족적 단계에서는 브랜드에 대한 사람들의 가치를 충족시키고자 하는 단계라고 할 수 있다.

즉, 기업 입장에서는 시장에서 자사 브랜드를 최고의 브랜드로 만들 수 있는 방안을 생각해 보고, 차별화된 전략을 수립 및 실행하며, 시장 상황의 변화에 따른 대응 방안을 강구하면서 브랜드를 만들어가는 것이 바로 아이덴티티를 수립하는 것이라고 할 수 있다.

결국엔 살아남는 브랜드 마케팅의 힘

국가 브랜드와 아이덴티티

전 세계에서는 국가가 브랜드가 되는 경우가 많으며, 좋은 이미지를 가질수록 경제적 효과가 크기 때문에 많은 나라에서는 국가 브랜드 이미지를 상승시키기 위해 많은 노력을 하고 있다. 우리나라는 최근 한류, 삼성과 LG 등으로 인해 국가적 위상이 높아졌지만, 지금까지 국가 브랜드 아이덴티티가 취약한 국가로 평가되어왔다. 특히 아시아에 대해 잘 모르는 외국인의 시각에서는 북한, 일본과 헷갈리는 경우도 적지 않았고, Korea, South Korea, Corea, Republic of Korea 등 여러 영문명으로 인해 국가 브랜드 네임이 혼동되는 경우도 많았다. 게다가 고도의 경제성장으로 인해 각 세대가 인식하는 한국이 매우 달랐다. 한국전쟁을 아는 세대라면 전쟁으로 폐허가 된 매우 가난한 나라로 생각하고, 한류가 인기를 얻은 후 한국을 아는 세대라면 아시아의 잘 사는 나라로 생각하기도 하기 때문이다.

브랜드로서의 국가의 아이덴티티가 뚜렷하지 않으면 이해 관계자들 간에 많은 혼동을 야기하고 비용이 발생할 수 있다. 또 브랜드 가치가 어느 정도 이상이 된다 하더라도, 명확하지 않은 브랜드 가치의 디스카운트가 발생해 실제로 가진 액면가치(face value)를 제대로 평가받기 어려울 수 있다. 그러므로 국가는 적절한 브랜드 아이덴티티를 가질 수 있도록 많은 노력을 해야 하며, 기업에서 하나의 브랜드를 제대로 키워가는 것처럼 국가라는 브랜드를 가꾸고 홍보해야 한다.

기업 브랜드 아이덴티티

데이비드 아커(David A. Aaker)는 브랜드 자산 관리, 전략 수리 및 경영에 있어 세계 최고의 권위자로, 그는 브랜드 아이덴티티는 특정 브랜드만의 독특한 연상 이미지의 집합이라고 말했다. 즉, 브랜드 네임, 컬러, 서체, 로고, 이미지, 연상 등 브랜드에 대한 소비자의 인식 형성에 영향을 미치는 다양한 요인들이 혼합된 개념이라는 것이다. 경영자의 관점에서는 여기에 인지도, 이미지, 품질과 가격 인식, 고객 로열티 등을 포괄하며, 이렇게 소비자에게 전달되는 모든 통합된 가치를 '기업 브랜드 아이덴티티'라고 하며 이를 CI(Corporate Identity)라고 한다. CI와 함께 자주 사용되는 BI는 Brand Identity 의 약자로, 기업보다는 브랜드 자체의 가치나 특성에 초점을 맞춘 것이라고 할 수 있으며, CI의 개념 안에 있다고 할 수 있다. PI는 President Identity로, 기업체 사장 또는 최고경영자에 초점을 맞추어 마케팅 활동을 하는 것이다. 최근 많은 기업과 소비자들은 CEO를 브랜드로 인식하며, 이미지 관리를 중시하고 있다. 그래서 하나의 브랜드처럼 CEO는 차별적인 정체성을 대외적으로 가질 수 있도록 노력하며, 브랜드에 어울릴 수 있는 이미지를 가질 수 있도록 늘 관리하고 노력하고 있다. 일반적으로 사내에서 시작되는 경영철학, 이념 등에서 시작해 언론 인터뷰, 에피소드, 네트워크 관리 등으로 이상적인 브랜드를 만들어가는 경우가 대부분이다.

10

<哦, 파리쥬당!>의 브랜드 아이덴티티

- 브랜드 이데아

Brand Marketing & Brand Storytelling

<哦, 파리쥬당>의 브랜드 아이덴티티

연주가 최종적으로 정한 와인바 브랜드 '哦, 파리쥬당'. 네이밍을 최종적으로 결정하자 그 안에 의미를 부여하는 것은 어렵지 않았다. 연주는 학부에서 배운 브랜드 이데아 이론에 따라 브랜드 아이덴티티를 섬세하게 구축했다. 1단계 아이덴티티 빌딩에서 '哦, 파리쥬당'의 사명은 '홍콩에서 마시는 파리의 와인', 비전은 '유럽을 비롯한 전 세계의 와인을 한 자리에서'로 정해 보았다. 궁극적으로는 '哦, 파리쥬당'이 홍콩은 물론 중국 내에서 와이너리를 만들고 투어 혹은 프랜차이즈와 연계시킬 수 있다면 좋겠다는 내용도 함께 넣었다. 매장이 있는 홍콩은 국제적인 도시이기 때문에 관광수요로도, 중국 전역을 대상으로 프랜차이즈로도 충분히 연계시킬 수 있다고 생각하기 때문이다. '哦, 파리쥬당'의 핵심가치는 '와인의 대중화', 업무가치는 '사내 누구와도 와인을 함께 마실 수 있는 업무 분위기', 공유가치는 공정무역을 통한 주류 업계와의 공생 정도로 잡아보았다.

대학에서 조세현 교수에게 브랜드 이데아 이론을 배울 때는 깊이 있게 생각을 하지 않았으나 직접 브랜드를 만들어보고 연구하다 보니 이론적인 지식이 탄탄할수록 더 많은 아이디어를 낼 수 있다는 생각이 들었다. 발표 시간까지는 아직 여유가 있었기 때문에 연주는 집 근처에 있는 We마트에 들러 9,900원짜리 와인 한 병을 사와서 가족들과 함께 마셨다. 와인을 마시던 중 문득 선배의 말이 생각났다. "와인을 처음 마시기 시작했을 때만 해도 와인이 이렇게 저렴해질 줄은 몰랐지. 지금은 1만 원대의 와인도 얼마든지 있고, 레스토랑 등에서도 6천원이면 하우스 와인 한 잔을 마실 수 있으니까 말이야."

아마도 우리나라처럼 중국도 점차 와인이 대중화되면 저렴한 가격이 되지 않을까 하는 생각이 들었다. 중국인이 치즈를 먹기 시작하면서 전 세계의 치즈 가격이 올랐다는 말이 있었는데, 중국인들이 와인을 본격적으로 마시기 시작하면 와인 가격은 어떻게 될까 하는 궁금증도 생겼다. 전 세계 그리고 중국에서의 와인 현황에 대해서 좀 더 공부를 해야겠다고 생각하며 다음 날 출근을 위해 일찍 잠자리에 들었다.

다음 날 출근한 연주는 여전히 정신없이 선배들의 프레젠테이션을 돕고 자료를 준비하다가 벌써 퇴근시간이 되었다. 이날은 동기끼리 스터디를 하는 날이었기 때문에 각자 멤버들은 준비하는 브랜드들에 대해서 이야기를 나눠보기로 했다. 총 9개의 브랜드가 있었기 때문에 일부러 서로 겹치지 않게 준비를 했고, 정국이와 가장 친한 동기를 통해 정국이에게도 의견을 전달해 불필요한 경쟁은 없애기로 해 모두 큰 무리 없이 각자 브랜드를 만들어가고 있었다. 메뉴의 스타일이 비슷할 때는 팀을 짜서 네이밍을 하고 브랜드 아이덴티티를 구축했기 때문에 모두들 재미있게 준비하며 만족하고 있었다. 특히 이번 프레젠테이션에서 1등을 하게 되면 홍콩 지사로 파견을 갈 수 있기 때문에 그 어느때보다도 열심히 준비했다. 모두들 연주가 1등을 할 것이라고 말은 했지만, 속으로는 '이번에는 내가…'라면서 남몰래 기대를 하고 있는 것도 사실이었다.

"누가 1등을 해도 진심으로 축하해 주자. 연주든 누구든 1등을 하면 근사하게 한 턱 쏠 테니 아쉬움도 잊을 수 있을거야. 하하!" 스터디의 감초라고 할 수 있는 한 동기의 말에 다른 동기도 말을 보탰다. "올해 안에 쇼핑몰이 오픈을 한다고 했으니 다같이 홍콩으로 연말 여행을 가는 건 어떨까? 비행기 요금이나 숙박비도 회사 지원이 되니 부담도 적을 테고. 생각만 해도 신난다!"

연주의 목표는 1등보다는 자신의 브랜드가 글로벌 도시인 홍콩에서 론칭될 가능성에 더 기대를 하고 있었기 때문에 동기들의 말에 고개를 끄덕였다. 동기들 역시 자신 못지않은 뛰어난 마케팅 능력을 가지고 있는 만큼 동시에 모두가 자신이 연구한 브랜드가 론칭된다면 정말 좋으리라 생각했다. 물론 쟁쟁한 현장 경험을 가지고 있는 선배들이 많았기 때문에 쉬운 일은 아니라고 생각했지만, 네이밍만큼은 오히려 경험보다 새로운 아이디어가 중요하다는 것을 잘 알고 있기 때문이다.

브랜드 이데아

성공하는 브랜드의 자산을 구축하기 위해서는 체계가 필요하다. 브랜드 이데아 (IDEA) 이론은 '브랜드의 가장 이상적인 형태'를 의미하며, 브랜드를 I, D, E, A 등 4 단계를 거쳐 무형자산의 잠재가치를 극대화하는 최고 수준의 브랜드를 의미한다. 즉, 브랜드에 강력한 아이덴티티를 구축하고 차별화된 이미지를 형성해 브랜드에 감성을 입혀 브랜드 아우라를 갖게 하는 과정이며, 8가지 법칙을 통해 체계적인 브 랜딩 전략을 제시할 수 있도록 돕는다.

브랜드 이데아를 구축하는 것은 브랜드 아이덴티티와 기업의 이해관계자들의 연상 하는 브랜드 이미지가 일치할 수 있도록 부단히 노력하는 작업이라고 할 수 있다. 만약 이 과정을 성공해 냈다면 이제는 브랜드 이미지를 성공적으로 관리하고 조율 하는 작업, 즉 차별화, 감성화, 아우라 등의 3단계를 보다 체계적으로 관리해야 한 다. 세 개의 단계마다 각 두 개의 원칙이 있는데, 이 과정들을 '브랜드 이데아 4단계 8정도'라고 명명했다.

1단계	아이덴티티 빌딩-자신의 정체성을 발견하고 명시하라

가장 기초적인 작업으로 브랜드를 메이킹하는 사람이 직접 제어할 수 있는 유일한 단계라고 할 수 있다. 구체적인 아이덴티티 빌딩 작업이 없다면 이는 사상누각과도 같아서 성공하는 브랜드를 만들 수 없다. 브랜드 정체성을 위해서는 기업의 존재 가치를 알 수 있는 사명(미션, Mission), 달성하는 바가 무엇인지를 알려주는 비전 (Vision), 추구하는 핵심 목표인 가치(Value) 그리고 이를 간단하고 명료하게 밝힐

수 있는 슬로건(Slogan) 등이 있어야 하며, 브랜드 페르소나는 브랜드의 개성을 갖추어야 한다. 여기서 브랜드의 개성은 컬러와 숫자 등으로 나타나기도 한다. 브랜드의 아이덴티티를 갖추기 위해서는 기업 혹은 제품의 정체성을 확실하게 해야 한다.

| 사명(Mission)

'존재 이유'에 대한 대답이라고 할 수 있으며 브랜드의 자기 정의라고도 할 수 있다. 사명은 현재와 미래를 동시에 지향해야 하며, 원대한 꿈이 담겨 있어야 현재와 앞으로 나아가야 할 방향을 알 수 있다. '스타벅스'는 소설 '백경'에 나오는 커피를 좋아하는 캐릭터 항해사 '스타벅'의 이름을 따 '커피를 파는 공간이 아니라 인간의 정신에 영감을 불어넣는 공간을 만들겠다는 의지'를 나타낸다. 이밖에도 공유 교통수단 브랜드 우버는 '수도꼭지를 돌리면 물이 나오는 것처럼 모두를 위한, 어디에서나 접할 수 있는 믿을 만한 교통수단'을, 페이스북은 '더욱더 개방적이고 연결된 세상을 만드는 것'을 사명으로 하고 있다.

| 비전(Vision)

'성공을 위한 조감도'라고 할 수 있으며, 세계적인 경영 컨설턴트이자 기업 리더십 전문가인 켄 블랜차드(Ken Blanchard)는 21세기 기업의 진정한 경쟁력은 '확실한 비전'에서 나온다고 말하면서, 비전에는 '의미 있는 목적, 미래의 청사진, 분명한 가치' 등의 세 가지 요소가 담겨있어야 한다고 말했다. 일반적으로 말하는 비전은 비즈니스 목표를 말하기 때문에 글로벌 5위권 기업, 매출 100억 원 달성 등 구체적인 숫자로 표현될 때가 많다.

| 가치(Value)

브랜드의 가치는 크게 핵심가치, 업무가치, 공유가치 등으로 나눌 수 있다. 핵심가치는 기업과 경영진이 추구하는 핵심적인 가치이며, 업무가치는 현장에서 일하는 사람들이 추구해야 하는 가치라고 할 수 있다. 공유가치는 사회적 발전과 경제적 이익의 관계를 파악하면서 기업의 경쟁력을 강화하면서 사회적 환경까지 함께 개선하는 정책과 경영방식을 갖는 것을 의미한다. 특히 자본주의 4.0 시대에서는 기업의 목적이 재무적인 수익 추구만이 아닌, 공유가치 창출로 바꾸고 있기 때문에 많은 기업에서 지속 가능한 경영을 추구하기 위해 각자 최선을 다해 노력하고 있다.

| 슬로건(Slogan)

우리나라에서는 명사처럼 쓰이는 단어지만, '전쟁터에서의 외침'이라는 뜻의 스코틀랜드어 'slogorne'에서 나온 단어다. 슬로건은 핵심적인 브랜드 아이덴티티 요소 중 하나로, 효과적인 슬로건은 미래 지향적이며 창의적이고 반복할 때 기분이 좋아지는 느낌을 가지고 있어야 한다. 또한 브랜드 론칭부터 일관성을 가지고 있어야 하며, 운율이나 음을 포함해 광고 음악이나 징글(Jingle)로 활용된다면 더욱 효과적이다. KISS(Keep It Simple and Short) 원칙에 따라 세 음절을 넘어가지 않게 하면서 더 심플하고 강한 인상을 줄 수 있다. 슬로건도 브랜드 중 하나라고 할 수 있기 때문에 적절한 리뉴얼은 필수다.

• 사진 출처: www.coca-colajourney.co.kr

1886년에 시작된 브랜드 코카콜라는 첫 슬로건 'Drink Coca-Cola'를 시작으로 조금씩 바뀌어왔다. 대표적인 슬로건을 살펴 보면 1904년 Delicious & Refreshing, 1969년 It's the Real Thing, 1982년 Coke is it, 1993년 Always Coca-Cola, 2001년 Life Tastes Good, 2009년 Open Happiness, 2011년 Life Begins Here 그리고 가장 최근에 Taste the Feeling 등 지속적으로 슬로건이 리뉴얼되어 왔다. 특히 1982~1985년 사이에 사용된 Coke is it은 전 세계를 대상으로 한 첫 슬로건이기도 하다. 코카콜라는 지금도 많은 계층에서 인기를 얻고 있으며, 2019년 인터브랜드의 글로벌 100대 브랜드 가치 순위에서 애플, 구글, 아마존닷컴, 마이크로소프트에 이어 5위에 달한다.

| 슬로건 성공 사례 | **마이클 조던: 더 라스트 댄스** |

나이키의 슬로건 'Just do it'은 대표적인 성공 슬로건이다. 농구선수 마이클 조던의 이미지와 슬로건을 결합시켜 평범한 스포츠 브랜드였던 나이키는 경쟁 브랜드인 아디다스를 제치고 스포츠용품 시장을 지배하게 됐다. 1984년 나이키는 당시 NBA 신인이었던 마이클 조던에게 후원 계약을 제안했다. 당시에는 대부분 아디다스를 선호했기 때문에 조던은 망설였지만, 나이키에게도 기회를 주라는 어머니의 조언에 따라 마지못해 받아들였다. 이듬해 나이키는 특정 선수의 이름을 딴 최초의 운동화 '에어 조던 1'를 출시해 약 1억 달러의 매출을 올렸고, 이때부터 오늘날의 운동화 문화가 유행하기도 했다.

조던의 성장에 따라 나이키도 꾸준히 새로운 모델을 출시했고, 조던 브랜드는 자회사가 될 정도로 규모가 커져 지금은 스포츠뿐만이 아니라 글로벌 패션업계에서 가장 인기 높은 브랜드 중 하나가 되었다. 영국 컨설팅 기업 브랜드 파이낸스에 따르면, 예전에는 비교도 되지 않았던 아디다스보다 그 가치가 두 배 이상이 되었다. 조던 역시 1984년부터 지금까지 나이키에게 받은 금액만 총 13억 달러로 예상된다. 더욱 놀라운 건 지금까지도 조던 관련 제품은 인기가 높다는 것이다. 2020년 초 코로나19로 인해 NBA는 시즌을 멈췄고, 나이키 역시 주요 7개 부문에서 6개 부문의 수익이 감소하였으나 조던 브랜드는 전년 대비 15%가 증가했다. 이는 넷플릭스에서 방영한 10부작 다큐멘터리 '마이클 조던 :더 라스트 댄스(Michael Jordan: The Last Dance)'의 영향으로 특히 중국에서 많은 매출이 이루어졌다고 하니 조던과 나이키의 인연은 Just do it만큼이나 울림이 크다.

MEMO

11

완벽한 준비
완벽한 실패

- 브랜드 개성

**Brand Marketing &
Brand Storytelling**

완벽한 준비 완벽한 실패

오늘은 드디어 홍콩 그랜드 하버 프로젝트의 프레젠테이션 날이다. 마침 금요일이라 프레젠테이션이 끝나면 간단한 시상과 회식도 예정돼 있어서 축제 분위기까지 났다. 후배들이 먼저 발표를 하기로 했기 때문에 오늘은 연주와 동기들의 날이었다. 지난 번 1등을 했던 연주는 가장 마지막에 발표를 하게 됐고, 순서대로 프레젠테이션을 하면서 모두가 설레면서 자신 있는 모습을 보여주기도 했다. 베이커리와 디저트 카페, 육개장과 짬뽕, 돈까스와 치킨 등 비슷한 업종의 브랜드들이 재미있는 네이밍으로 통일성을 가졌을 때는 모두가 웃기도 하고 박수를 치기도 하면서 화기애애한 분위기가 되었다.

드디어 정국이의 차례가 되었다. 정국이와 친한 동기의 말로는 포차 브랜드를 한다고 했는데, 프레젠테이션의 첫 화면을 보고 연주는 아득해졌다. 와인바를 주제로 한 것만 해도 큰 충격이었는데, 연주와 매우 비슷한 네이밍인 '오, 파리의 와인'이라는 네이밍이었기 때문이다. 게다가 브랜드 이데아 이론으로 탄탄한 뒷받침을 하고 있었지만, 그 내용 역시 연주의 자료를 본 것이라고 생각할 수밖에 없었다. 너무나 비슷한 내용이라 연주는 머릿속이 점점 하얗게 되었고, 그런 연주에게 살짝 미소를 던지는 정국이를 보고 더욱 충격을 받을 수밖에 없었다.

"중국에서 론칭하는 브랜드라고 해서 굳이 중국어만 사용할 필요는 없다고 생각했습니다. '오'라는 감탄사는 전 세계의 공통적인 감탄사인 데다가 와인과도 매우 잘 어울리니까요. 또 '파리의 와인' 중에서 '와인'을 흘리듯이 발음하면 중국어 愛你와도 발음이 비슷해 '파리는 당신을 사랑해'라는 로맨틱한 의미가 돼 와인바와 매우 잘 어울리기도 합니다. 쉬운 단어라 중국 이외에서 사용해도 의미 전달이 쉽고요."

마지막 내용까지 연주를 충격에 빠지게 하고 정국이는 단상을 내려왔다. 연주는 도저히 자신의 자료를 발표할 수가 없었다. 물론 세부적인 네이밍이나 아이덴티티 내용은 정국이와 분명히 달랐지만, 듣는 사람 입장에서는 그 차이가 크지 않을 수 있었고, 오히려 연주가 정국이의 자료를 차용했다고 할 수도 있었다. 우연이라고 보기에는 단어 자체가 동일했기 때문에 심증은 확실했지만, 정국이가 연주의 자료를 봤을 것이라는 증거는 없었다. 설령 증거가 있다고 하더라도 누가 그 말을 순수하게 믿어주고 연주의 편을 들어줄까.

정국이가 그동안 연주를 앞서지는 못했지만 실력이 있다는 것은 분명했고, 연주 역시 정국이의 능력은 인정하고 있었다. 지나친 우연이라고 넘길 수도 없지만, 내 자료를 봤냐고 물어볼 수도 없는 이 상황. 연주는 하얗게 질린 얼굴로 배가 갑자기 아프다며 양해를 구했고, 선배와 동기들은 연주가 너무 열심히 준비한 나머지 힘들어서 그럴 것이라며 이해했다. 연주는 가방을 들고 그렇게 회사를 나와서야 겨우 숨을 쉴 수 있었다.

회사를 나온 연주는 집으로 바로 갈 수 없었다. 오늘 발표를 준비하면서 가족들 앞에서 이미 프레젠테이션을 여러 차례 했고, 좋은 결과를 얻을 수 있을 것이라며 자신있어 했기 때문이다. 그동안 한 번도 느껴보지 못한 깊은 절망감과 앞이 보이지 않는 막막함 속에서 연주는 어찌할 바를 몰랐다. 하늘은 맑고 날씨는 좋아서 활짝 웃으면서 다니는 사람들이 많았지만 연주는 당장 무엇을 해야 할 지 알 수가 없었다.

이제 겨우 사회 초년생이지만 연주는 그동안 한 번도 실패라고 할 수 있는 것을 경험한 적이 없었다. 가끔 시험을 잘 보지 못한 경우는 있었지만, 다음에 충분히 만회할 수 있는 것이었기 때문에 지금처럼 좌절한 적이 없었던 것이다. 연주는 금요일에 퇴근을 하고 주말에 입을 옷을 대충 꾸린 뒤 바로 공항으로 가서 제주행 비행기 티켓을 끊었다. 마지막 비행기를 타고 자주 가던 공항 근처 호텔로 가서 아무 생각도 하지 않고 푹 잤다.

브랜드 개성

브랜드 개성이란 '브랜드에 부여된 인간적 특성'이라고 할 수 있다. 하나의 제품으로 지나칠 수도 있는 브랜드에 활력을 불어넣고 매력을 넣은 뒤에 서비스를 향상시키면서 소비자의 흥미와 선호를 이끌어내는 역할을 한다. 이를 통해 고객과의 유대를 강화하고 아이덴티티를 나타내며 로열티의 원천이 되는 중요한 척도이기도 하다. 브랜드 개성을 자랑하는 브랜드로는 늘 파격적으로 새로운 제품을 출시해 혁신의 아이콘이 된 애플이나 포스트잇부터 다양한 사무용 문구류를 만들어 편의성을 최대화하는 3M 등이 있다.

소비자는 브랜드를 통해 자신을 표현할 수 있다고 생각하기 때문에 자신의 이미지와 어울리는 브랜드를 선호한다. 즉, 브랜드 개성을 통해 자아를 표현하고 확대할 수 있다고 생각하는 것이다. 그렇기 때문에 브랜드와의 관계가 만족스럽다고 생각하면 행복감을 느끼고, 이 행복감이 증가할수록 구매 가능성이 증가하면서 로열티로 이어지게 된다.

데이비드 아커의 브랜드 개성 구축

브랜드 개성은 로열티를 가져오기 때문에 마케팅에서 매우 중요하다. 브랜드 자산 관리, 전략 수립 및 경영의 권위자인 데이비드 아커에 따르면 브랜드 개성을 구축하기 위해서는 브랜드 연상이 효과적이다. 브랜드 연상은 총 네 가지로 구분할 수 있으며, 브랜드가 가지고 있는 상품의 속성이나 의미 이상의 감정적이고 자아를 표현할 수 있도록 함으로써 소비자에게 다가서야 성공하는 브랜드가 될 수 있다.

| 상품으로서의 브랜드(Brand-as-product)

상품의 범주, 속성, 품질 등이 해당된다. 바이크 브랜드 할리데이비슨의 원래 목적은 교통수단이고, 다른 바이크 브랜드와 연비, 2륜차, 속성 등으로 비교할 수 있다.

| 조직으로서의 브랜드(Brand-as-organization)

기업, 조직, 지역적 특성 등이 해당된다. 할리 데이비슨은 원래 교통수단이지만, 동호회 등으로 그룹을 만들어 함께 타면서 강력한 브랜드 개성을 갖게 되기도 한다. 이러한 개성을 갖게 되면 그 브랜드를 흠모하며 브랜드와 자신을 동일시하는 사람들이 생기게 되고, '할리 데이비슨을 타는 사람들' 등 하나의 조직으로서도 그 개성을 생각할 수 있게 된다.

| 사람으로서의 브랜드(Brand-as-person)

브랜드 개성과 매력에 초점을 맞춘 것으로, 소비자와 브랜드의 관계를 포함하게 된다. 한 브랜드를 떠올렸을 때, 연상되는 성별이나 나이 혹은 생활 수준 등을 짐작하게 하면서 브랜드의 개성을 갖게 된다.

| 상징으로서의 브랜드(Brand-as-symbol)

브랜드의 시각적 이미지와 브랜드 유산(Brand Heritage), 은유(metaphor) 등과도 관련되며, 사람마다 조금씩 차이를 가질 수 있다.

제니퍼 아커의 브랜드 개성 5차원

데이비드 아커 교수의 딸인 제니퍼 아커는 브랜드 개성 5차원으로 설명하고 있다. 이는 진실(sincerity), 흥미(excitement), 능력(competence), 세련됨(sophistication), 활동성(ruggedness) 등 다섯 가지로, 동일한 브랜드에 대해서도 다양한 브랜드 개성을 가지고 있다. 예를 들면 진 브랜드 중 하나인 리바이스 청바지는 질기다, 오래 입을 수 있다는 실용적인 의미를 가지고 있지만, 시대나 개인에 따라 독립심, 강인함, 편안함, 디자인 등 리바이스 청바지를 입는 사람은 개인과 문화에 따라 다르다. 결론적으로 브랜드 개성은 상징적인 자아표현을 할 수 있도록 하기 때문에 해당 기업의 고객과 비고객의 성향을 구분짓는 중요한 기준이 되고 이는 매출에 많은 영향을 미치게 된다.

케빈 레인의 브랜드 연상

미국 다트머스대 경영대학원 교수이자 브랜드 마케팅 분야의 석학인 케빈 레인은 브랜드 연상을 총 세 가지, 즉 속성(attributes), 혜택(benefits), 태도(attitudes)로 구분하고, 이것은 브랜드의 성격을 규정하며 핵심가치가 결정된다고 말한다. 이 중 속성은 실용주의적 기능을 충족시키며, 태도는 자아를 표현한다. 혜택은 다시 기능적(functional), 경험적(experiential), 상징적(symbolic) 연상 등 세 종류로 다시 나누어지는데, 이러한 브랜드 연상들이 모여 브랜드의 개성을 나타내는 것이다.

브랜드 버진

창조적인 기업가 리처드 브랜슨은 버진의 설립자로, 우편 주문 사업에서 시작해 레코드 회사, 항공사, 모바일, 우주관광사까지 늘 새로운 아이디어를 냈고 모험에 도전했다. 1970년 몇몇 친구들과 작은 통신 판매회사 '버진레코드'를 설립하고, 다음 해 옥스포드 거리에 작은 소매점을 오픈했다. 이들은 젊은 감각을 내세우며 개성 있는 간판과 실내 디자인으로 브랜드를 차별화했고, 13년만에 레코드 매장 체인을 갖게 된다. 이후 가장 큰 독립 레코드 회사가 되었고, 1990년대에는 세계 곳곳에 100개가 넘는 버진 메가 스토어를 설치하기도 했다. 브랜슨은 여기에 그치지 않고 1994년 변호사의 조언으로 항공사 설립을 하게 됐다. 늘 비행기 여행이 지루하다고 생각했는데 '모든 승객들이 가장 저렴하게 최고의 서비스를 받으며 즐거운 여행을 할 수 있도록 만들겠다'는 새로운 목표가 생긴 것이다. 이후 항공업계 최초로 수면용 좌석을 설치했고, 기내 마사지, 어린이용 안전 좌석, 비즈니스 고객을 위한 개인 서비스, 라운지의 고급화 등을 시작하면서 '최초가 되어라 그리고 고객을 감동시켜라'라는 철학을 실천하기도 했다.

• 사진 출처: www.virgin.com

버진의 가치와 행동을 반영한 버진 브랜드는 때로는 강렬하지만 때로는 격정을 느끼게 하기도 한다. 이러한 브랜드 개성 덕분에 버진 애틀란틱은 서비스 혁신을 이루어냈으며, 다음과 같은 개성을 갖게 되었다. 이러한 개성은 특성들로 확대되는데, 대부분 재미를 추구하고 혁신적이며 유능하다. 그래서 브랜슨은 '괴짜 사업가'로 알려져 있으며, 사업 외에도 초고속 보트를 타고 최단시간 대서양 횡단 기록에 도전했고, 열기구를 타고 세계일주에 도전한 적도 있다. 이렇게 다양한 이벤트로 자주 화제의 인물이 되었으며, '버진'이라는 브랜드를 더 많이 알리는 데 기여하기도 했다.

☑ **규칙에 얽매이지 않는다.**

☑ **때로 과한 유머 감각을 발휘한다.**

☑ **기존 질서와 맞서 싸우는 도전자다.**

☑ **항상 높은 수준의 일을 해내는 유능함과
높은 기준을 갖고 있다.**

MEMO

12

제주로 간
연주

-브랜드 차별화

**Brand Marketing &
Brand Storytelling**

제주로 간 연주

다음 날 아침에 제주도에서 눈을 뜬 연주는 일찍 일어나 종종 안부를 묻곤 했던 영준의 삼촌에게 연락을 드렸다. 영준의 삼촌은 제주도에서 우리나라에서 내로라 하는 포털사이트와 SNS 메신저를 가진 기업 (주)나눔을 운영하고 있었고, 연주 역시 영준와 함께 몇 번 만나서 다양한 이야기를 나누었기 때문이다. 다행히 영준의 삼촌은 오늘 시간이 여유가 된다며 갑작스러운 연락을 받아주었고, 연주는 버스를 타고 (주)나눔 본사를 찾았다.

연주는 회사일에 대해 간단히 말한 뒤 새로운 아이디어를 얻고 싶다고 이번 여행의 목적을 숨겼다. 삼촌은 일단 밥부터 먹자며 근처 맛집으로 함께 갔고, 메뉴판을 건넸다. 먹을 거리와 마실 거리를 찾던 중 연주는 깜짝 놀랐다. 메뉴는 제주도에서 유명한 것들이 많았지만, 음료와 주류 코너에 처음 들어보는 다양한 종류들이 많았기 때문이다. 삼촌은 그런 연주를 웃으면서 바라보았고 여러 가지 이야기를 해주었다.

"예전에는 제주도를 가면 관광지를 돌아보고 비싸지만 맛이 별로였던 음식을 먹어야 했어. 지인들에게 줄 선물로는 투박하고 종류도 몇 개 안

되던 돌하르방이 전부였고. 하지만 지금은 많은 게 달라졌어. 제주도를 찾는 사람들이 늘면서 제주도와 관련된 기념품샵은 건물 하나를 차지할 정도로 늘어났고, 먹거리들도 해마다 다르게 종류가 많아지고 있어. 뿐만이 아니야. 제주의 이름을 딴 막걸리, 수제맥주, 주스 심지어 자연친화적이라는 제주의 특성을 살려 화장품도 한두 개가 아니란다. 과연 이렇게 된 이유가 무엇일까?"

연주는 삼촌의 말을 들으면서 우도 땅콩 막걸리를 한 잔 했다. 막걸리의 텁텁한 맛보다는 땅콩의 고소한 맛을 느끼면서 제주도의 기념품이 많아진 이유를 곰곰이 생각했다. 삼촌이 원하는 답을 낼 수 있을지 몰라 망설이는 연주에게 삼촌은 한 마디 더 건넸다.

"연주야, 넌 머리도 좋고 실행력도 좋아. 또 발표도 잘 하고 자신감도 있지. 하지만 브랜드를 만들 때는 일단 너의 생각이 확고해야 해. 물론 시장성도 봐야 하고 트렌드도 봐야 하지만, 대중들이 원하는 것만 살펴서 만든다면 그게 과연 브랜드로 성공할 수 있을까? 성공하는 브랜드가 되기 위해서는 브랜드 아이덴티티가 반드시 필요해. 그 아이덴티티를 부여하는 사람은 결국 브랜드 마케터일 수밖에 없고. 만약 제주의 다양한 브랜드들을 만든 사람들이 '제주'에 대해 자신감이 없었다면 지금과 같은 상황은 일어나지 않았을 거야. 제주라는 브랜드에 확고한 믿음을 가지고 제품을 만들어냈기에 성공했고, 그 성공이 지금의 활성화된 특산물 및 기념품 시장을 만들어낼 수 있었던 것이니까."

연주는 삼촌과 헤어져 그가 한 말을 자꾸 되새기면서 생각했다. 비록 이번 일이 연주의 잘못은 아니지만, 분명히 연주에게 가르쳐주는 것이 있었다. 그동안 연주는 자료를 준비하고 발표하면서 늘 상사들의 입장에서 생각했다. 과연 그들이 내 의견을 좋아할 수 있을 지, 좋은 점수를 받을 수 있을 지만 고민해왔던 것이다. 자신만이 가질 수 있는 브랜드 아이덴티티를 생각하지 않고, 고객사가 좋아할 수 있는 브랜드만 고민하다 보니 스스로를 돌아보라는 것이 아니었을까 하는 생각까지 들었다. 정국이의 행동은 쉽게 용서할 수 없겠지만, 진짜 실력은 아니었던 것이니 곧 밑천이 보일 수도 있을 것이라는 생각도 스쳐지나갔다. 어쩌면 이번 일은 연주의 발전을 위해 새로운 동기부여를 위해 하늘이 주신 특별한 기회일 지도 모르겠다는 생각이 문득 들었다.

"난 앞으로 더 잘 할 거야. 내가 아무리 노력해도 잘 할 수 없는 일이 있고, 내가 아무리 착하게 산다 해도 좋은 일만 있을 수는 없어. 다시는 이런 일이 없도록 자료도 철저히 관리하고, 더 좋은 아이디어를 낼 수 있도록 연구하면서 고객사가 만족하고 사람들이 좋아하는 그런 브랜드를 만들 거야."

• 제주의 기념품샵

브랜드 차별화

브랜드 아이덴티티를 소비자에게 각인시키기 위해서는 차별화된 브랜드 연상을 제시해야 한다. 차별화되고 독특한 브랜드 이미지(실제 소비자가 특정 브랜드에 대해 갖게 되는 이미지)를 가지고 있어야 소비자들에게 '이 브랜드를 선택해야 하는 이유'를 가질 수 있게 하기 때문이다. 다른 사람들이 이미 진입한 시장을 피한다는 수동적인 의미가 아니라 남들이 아직 들어가지 않은 시장을 꼭 필요하기 때문에 개척한다는 적극적인 의미를 가지고 있어야 브랜드 이미지를 통해 브랜드 차별화를 꾀할 수 있다.

브랜드 이미지

기존의 다른 제품 브랜드와 차별화를 위해서 브랜드 이미지를 구축하는 것은 매우 중요하다. 브랜드 이미지는 기능적 브랜드 이미지, 상징적 브랜드 이미지, 경험적 이미지 브랜드 등이 있다.

| 기능적 브랜드 이미지
브랜드의 품질이나 속성으로 인해 발생하는 것으로, 성능과 품질을 꾸준히 업그레이드하면서 새로운 고객 가치를 위한 창조적인 움직임이라고 할 수 있다. 소비자가 원하는 기능을 만족시킬 수 있도록 하는 것이 중요하며, 고성능 저가격으로 제공하기 위해서는 제품 자체의 가격은 물론 구매과정 단순화, 소매가격 책정 등도 활용할 수 있다. 대표적인 제품으로 편하게 면도를 할 수 있는 질레트, 다목적 약용크림 바셀린, 크림 헤드(하얀색 거품)로 신선한 맛을 자랑하는 맥주 브랜드 기네스 등이 있다.

| 상징적 브랜드 이미지

경쟁 브랜드와 차별화된 이미지를 투영시켜 고객 가치를 창출하는 것으로, 기능이나 품질보다는 타인의 시선을 의식하는 사회적 상품군 등에서 주로 이용된다. 최근에는 제품이나 서비스가 상향평준화되면서 상징적 브랜드 이미지가 더욱 중요시되고 있다. 상징적 이미지를 형성하는 방법으로는 최고를 의미하는 No.1, 성적인 코드를 이용한 섹스어필, 스타 모델 활용 등이 있다. 대표적인 예로 친환경 이미지를 가진 영국 천연화장품 브랜드 러쉬(LUSH), 럭셔리 액세서리 브랜드 몽블랑 등이 있다.

| 경험적 브랜드 이미지

소비자가 브랜드와의 상호작용, 즉 사용하면서 어떻게 느끼는가에 초점을 맞추는 것으로, 제품 자체보다는 장소와 사람이 매우 중요한 역할을 한다. 병원 같이 좋지 않은 경험을 하는 곳이라고 해도 이를 최소화시키거나 오히려 재미있는 곳으로 재설계한다면 고객 충성도를 높일 수 있다. 경험적 브랜드 이미지를 창조하기 위해서는 소비자의 브랜드 경험을 일관되게 유지시켜야 하며, 소비자가 브랜드에 대해 가지고 있는 기대를 관리할 수 있어야 한다.

기능적 브랜드 이미지, 자일리톨 껌

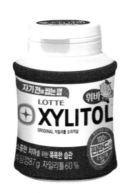

• 사진 출처: www.lotteconf.co.kr

예전의 껌은 입냄새는 없애주지만 치아 건강이나 턱 관절에는 좋지 않다는 인상을 주었다. 그러나 자일리톨이 나오면서 껌에 대한 생각이 바뀌었다. 껌을 씹으면서 구취 제거 및 충치 예방을 할 수 있다는 인식을 주었기 때문이다. 껌의 주 원료인 자일리톨은 상쾌한 민트향이기 때문에 청량감을 주는 데다가 충치의 원인이 되는 플라그를 억제하는 기능을 가지고 있다고 홍보했다. 그래서 하루 세 번 식사 후에 자일리톨 껌을 씹으면 입냄새 제거는 물론 충치 발생을 억제할 수 있어 많은 사람들이 지금도 껌을 살 때 자일리톨이 들어간 제품을 선택하고 있다. 자일리톨이 들어간 껌은 2009년 3월 식품의약품안전청에서 건강기능식품으로 인정받아 '충치예방에 도움이 되는 자일리톨이 들어 있음'을 표시할 수 있게 되었다. 그러나 감사원에 따르면 자일리톨 껌이 충치예방에 도움이 되기 위해서는 하루에 12~28개는 씹어야 도움이 된다는 것을 밝혀내 2017년 이후에는 껌에 충치예방 관련 문구가 들어갈 수 없게 되었다.

상징적 브랜드 이미지, 러쉬

영국의 천연화장품 브랜드 러쉬(LUSH)는 7개의 이념을 가지고 있다. 신선함, 수제, 비동물실험, 최고 에센셜 오일 사용, 안전한 인공 성분 사용, 용기 포장의 최소화, 라벨과 정확한 성분 등으로 친환경 브랜드 라는 이미지와도 잘 어울린다. 우리나라에서도 번화가라면 언제나 러쉬를 볼 수 있을 정도로 인기가 많으며, 우리나라의 경우 매장 앞에서 풍성한 거품을 내는 퍼포먼스를 하곤 해서 사람들의 발길을 붙잡곤 했다.

러쉬의 과거를 되돌아보면 실패의 역사라는 것을 알 수 있다. 미용사 출신인 창립자 마크 콘스탄틴은 동네 극단에 분장용품을 만들어주면서 화장품의 원리를 익혔고, 이후 통신판매까지 할 정도로 성공했지만 얼마 지나지 않아 망하고 말았다. 화장품에 아쉬움이 많았던 콘스탄틴은 곧 재기하였으나 또 한 번 망하고 말았다. 그러나 계속 실패를 하면서도 '친환경'이라는 브랜드 이미지는 버리지 않고 꾸준히 제품에 도전했다. 결국 1994년에 만족스러운 제품을 판매할 수 있는 매장을 오픈했고, 이후 4년동안 큰 폭으로 성장했다. 지금은 예전보다 인기가 많이 줄어들었지만, 여전히 친환경 브랜드로 인식되고 있으며 산뜻한 칼라와 디자인으로 많은 사람들에게 꾸준한 사랑도 받고 있다.

• 사진 출처: 인스타그램 @lush_hyundai_pangyo

13

연주와 정국이의 진검승부

- 브랜드 컬러와 마케팅

**Brand Marketing &
Brand Storytelling**

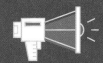

연주와 정국이의 진검승부

월요일 아침, 출근한 연주는 프레젠테이션 소식을 듣게 되었다. 동기 중에서는 예상대로 정국이가 1등을 했지만, 아직 선배들의 프레젠테이션이 있었고 진짜 승부는 이제부터 시작이라고 할 수 있었기 때문이다. 연주는 지난주에 프레젠테이션을 하지 못했기 때문에 재정비해서 다시 하겠다고 선배에게 말했고, 평소 연주를 좋게 봐주었던 선배는 다행스럽게도 본선이라고 할 수 있는 이번 주 금요일 첫 발표를 할 수 있도록 조율해 주었다. "평소 늘 우수한 내용으로 자신 있게 프레젠테이션을 하던 연주가 갑자기 발표를 연기한다고 해서 모두 당황했어. 그래서인지 정국이가 1등은 했어도 다들 수근수근하는 분위기더라고. 그도 그럴 것이 연주의 발표를 보지 못했으니 신입사원 프레젠테이션에서 시상을 해서는 안 된다는 거였어."

선배의 말을 듣고 용기를 얻은 연주는 이전보다 더 완벽하게 승부한다는 각오로 준비하기로 결심했다. 그래서 새로운 마음으로 발표 준비를 하면서 다양한 브랜드 네이밍을 생각했다. 기본적인 브랜드의 취지를 누구나 알 수 있도록 하고, 소비자 관점에서 쉽게 다가갈 수 있도록 하는 네이밍을 하기로 했다. 모든 것을 새롭게 해야 한다는 부담감은 연주의 마음을 무겁게 했지만, 그런 고민을 한참 하다가 문득 대학 때 조세현 교수님의 강의에서 들은 말이 생각났다.

"21세기의 마케팅은 매우 높은 수준으로 발전해 왔고, 어떤 분야에서나 이제 완전히 새로운 것은 없습니다. 오히려 너무 참신함에 집착할 경우, 트렌드에 동떨어져 있다는 느낌도 줄 수 있게 되니까요. 기존의 것을 적절히 살리면서 그 안에서 다른 방향으로 만들어내는 것, 바로 여기에 최근의 마케팅 방향이 있다고 해도 과언이 아닙니다. 마케팅뿐만 아니라 다른 분야도 마찬가지입니다. 가장 쉽게 접근할 수 있는 외식업도 100% 신메뉴라는 것은 없어요. 다른 나라의 것을 차용하거나 기존의 것을 조금 바꾸는 것이고, 이러한 것들이 오히려 더 신메뉴보다 신메뉴같은 효과를 거두고 있다는 것을 여러분도 잘 이해하고 있을 것이라고 생각합니다. 바로 이것이 우리가 마케팅에서 가장 중요하게 생각해야 하는 공감마케팅입니다."

연주는 조세현 교수의 말이 생각나 와인 레스토랑의 네이밍에 다시 도전할까도 생각했지만 이미 했던 생각들을 바꾸기는 쉽지 않을 것이라 생각했다. 그래서 디저트 분야의 네이밍을 해보기로 했다. '달달한 것들을 파는 곳'이라는 생각으로 여러 가지 단어를 조합해 보았고, 기존에 많이 사용됐던 단어들인 '달다, 설탕, 슈가(sugar), 스위트(sweet), 허니(honey), 甜(tian) 등 여러 가지 단어를 나열해 보면서 조합해 보았다. 지난 번 발표에서 정국이가 쏘아붙이듯이 말했던 부분도 충격적이었지만 참고했다. 중국어에 집착하는 것보다는 한국어로 일단 네이밍을 하고 음역하는 것도 나쁘지 않았다. 그런데 네이밍은 고객 가치가 중요하기 때문에 쉽게 만들어낼 수는 없었다. 고객 입장에서 생각해 보니 카페 네이밍 안에 달콤한 먹거리와 온전히 쉴 수 있는 의미를 넣어야겠다는 생각이 들었다. 그렇게 오랜 고민 끝에 만들어낸 것이 바로 슈탕(xiu tang, 休糖)이었다. '슈'는 원래 'sugar'에서 나온 것이었지만, 중국어의 쉬다(休,xiu)와도 발음이 비슷했고, '설탕'의 '탕'과도 집, 사랑채라는 뜻의 '堂(tang)'과도 발음이 같아서 중의적인 의미를 가지고 있었기 때문이다. 두 가지를 연결하면 고객 가치를 이룰 수 있을 것이라는 생각이 아드레날린이 분출되는 느낌이었고, 고객 가치라는 키워드가 생각으로 떠오르자 카페 이미지도 자연스럽게 그려보았다. 그러다 갑자기 편안한 쉼이 있는 공간에서 커피와 케이크가 먹고 싶어졌다. 늦은 밤이었기 때문에 문을 여는 카페는 없을 것 같았지만, 집 근처 24시간 하는 곳을 찾아 바로 달려가서 마지막으로 남은 치즈케이크와 아메리카노를 한 잔 주문했다. '이번 프레젠테이션이 아니더라도 언젠가는 반드시 홍콩 지사에서 일할 수 있는 기회를 얻을 거야! 내 실력을 모두에게 보여줄 수 있도록 언제나 100% 아니 200% 역량을 보여줘야지.'

브랜드와 컬러

브랜드가 전달하는 시각적 요소 중 가장 중요한 것이 바로 브랜드 컬러다. 브랜드 아이덴티티의 핵심요소이자 이를 소비자에게 전달하는 결정적 매개체이기 때문이다. 컬러 마케팅은 구매력을 증대시키는 변수를 컬러로 보고 그 영향력을 이용하는 것이기 때문에 컬러를 선정할 때는 브랜드와의 관계를 충분히 고려해야 한다. 올해의 컬러를 선정하는 펜톤에서는 다양한 컬러를 숫자로 확인할 수 있으며, 컬러 파레트를 통해 조합해서 만들어진 새로운 컬러는 해당 브랜드만의 컬러도 될 수 있다.

1 | **BI, CI를 포함한 모든 시각적 요소의 컬러는 통일성을 가져야 한다.**
소비자는 브랜드와 컬러를 동일시하며 잔상 효과를 남기기 때문이다.

2 | **고유의 색을 선택해야 한다. 만약 다른 브랜드와 비슷한 컬러를 사용하게**
되면 혼동할 수 있으며, 아이덴티티가 분명하지 못해 아류 브랜드로
생각될 수 있다.

3 | **브랜드의 컬러 선정이 어렵다면 메인 컬러와 함께 보조 컬러를 선정하는**
혼합방식을 사용하면 단색이 주는 단조로운 느낌을 피할 수 있다.

컬러를 통한 브랜드 구축

브랜드를 대표하는 컬러는 브랜드의 미션, 철학 그리고 개성까지 잘 드러낼 수 있어야 한다. 컬러의 정체성도 변하기 때문에 리뉴얼을 통해 관리하는 것이 좋으며, 브랜드 아이덴티티를 강화하기 위한 컬러를 정할 때는 이해관계자 및 내외부 고객 등 가능한 한 많은 사람들을 테스트해 객관적인 결과를 도출해야 한다. 아울러 경제 상황이 좋지 않을 때는 어두운 색보다 화려한 색의 인기가 높다는 것도 알아둔다.

| 레드
강렬한 색상으로 식욕을 자극하기 때문에 식품업계에서 많이 사용하고 있다. 대표적인 브랜드로 코카콜라, 버진, 레드불, 각종 떡볶이 브랜드 등이 있다.

| 블루
첨단, IT 분야 등에서 신뢰감 있고 미래지향적인 컬러로 사용되며, 역동성과 혁신적인 이미지를 가진다. 삼성전자, 티파니 등이 대표적이다. 청량하고 시원한 이미지도 함께 주기 때문에 카스, 포카리스웨트, 펩시 등에서도 사용된다.

| 그린
웰빙과 지속가능경영, 친환경 등의 이슈가 계속 이어지면서 최근에 가장 많이 사용되는 컬러 중 하나다. 안전, 중립, 평화, 자연, 미래지향을 의미하며, 스타벅스, 라코스테 등이 있다.

| 퍼플

예술적이고 신비로운 이미지를 가지고 있다. 고대부터 가장 귀한 염료의 색으로 귀족에게만 허용된 색이며, 안나수이, BTS 등이 대표적이다.

| 블랙

도시적이고 모던한 느낌으로 세련되며 고급스러운 이미지를 가지고 있다. 보통 명품에서 많이 사용되는데, 아르마니, 샤넬 등이 있다.

| 화이트

순수하고 깨끗한 이미지를 주며 우리나라 사람들이 가장 좋아하는 색으로 의류 제품에서 가장 많은 인기를 가지고 있다.

| 옐로우

밝고 따뜻한 느낌으로 주로 어린이를 대상으로 하는 브랜드에서 많이 사용하고 있으며, 맥도날드 등이 있다.

브랜드와 숫자

숫자는 각각 의미를 가지고 있기 때문에 어떤 숫자를 사용하는 지에 따라 브랜드의 이미지가 달라지게 된다.

1 : 처음, 최고, 유일무이

2 : 여성, 연인, 결합

3 : 조화로움, 완성의 숫자

예) 자일리톨 333, 주방세제 트리오, 토이스토리3

4 : 안정감

5 : 만남, 결합, 인간, 신체, 감각, 방어

예) 비타 500, 샤넬 No.5, 자동차 업계의 '5'는 중형차를 의미(BMW 5 series, SM5, K5 등)

7 : 행운의 숫자, 완전의 수

예) 쓰리세븐, 세븐일레븐, 세븐스프링스, 가수 세븐

8 : 무한, 힘, 통제 제어

9 : 많음, 새로운 시작

파커 만년필과 레드 컬러

1920년 미국, 미국 파커(Parker) 사는 레드 컬러 만년필을 출시해 여성 고객들에게 많은 사랑을 받았다. 기존에는 남성용 만년필에서 두께만 약간 차이가 있을 뿐 여성 만년필은 큰 차이가 없었는데, 여성들이 선호하는 레드 컬러가 출시되자 많은 여성들이 구매했다. 이때까지는 컬러 마케팅을 한 적이 거의 없었는데, 파커 사 이후 많은 기업에서 컬러 마케팅을 시작했으며, 기업들은 아이덴티티를 대표하는 색을 골라 원하는 기업 이미지를 만들고 이를 홍보하기 시작했다.

• 사진 출처: www.parker.co.kr

브랜드와 컬러	# 스마트폰과 다양한 컬러

스마트폰은 초창기 블루, 화이트, 실버 정도로 2~3가지 컬러가 전부였지만 날이 갈수록 다양해지고 있다. 2020년에 출시한 LG벨벳은 일반 컬러가 아닌 전자제품의 특성을 살려 각도와 조명에 따라 다양한 빛깔로 반짝이는 오로라화이트, 오로라그레이, 오로라그린, 일루선셋, 오로라 블루, 오로라 레드, 오로라 핑크 등 총 7개를 출시했다. 여기에 글로벌 출시를 앞두고 오로랏빛 실버, 오로라그레이보다 더 짙은 블랙, 복숭아빛이 나는 핑크화이트 등이 추가돼 총 10개 색상으로 늘어났다.

삼성전자는 갤럭시 노트10부터 이동통신사와 스마트폰 제조업체에서 각각 칼라를 협약하고 있다. 당시 SK텔레콤은 아우라 블루를, KT는 아우라 레드를 전용 컬러로 선택해 제품을 출시했다. 2020년 3월부터는 LG유플러스도 갤럭시 S20에 클라우드 핑크를 적용해 컬러 마케팅에 합세했다. SK텔레콤·KT·LG유플러스 등 이동통신 3사는 삼성전자와 협업해 갤럭시 노트20을 각 통신사별 전용 컬러를 적용해 출시했다. 기존 컬러와 마찬가지로 SK텔레콤은 블루, KT는 레드, LG유플러스는 핑크를 내세우며, 여기에 '미스틱 브론즈'를 기본 색상에 추가했다. LG벨벳 역시 SK텔레콤은 오로라 블루, KT는 오로라 레드, LG유플러스는 오로라 핑크 등으로 각 통신사마다 자신만의 컬러를 확실히 정해 아이덴티티를 확립하고 있다.

• 사진 출처:
www.lge.co.kr/lgekor/
product/mobile

경쟁력 살아나는 브랜드 마케팅의 힘

14

슈당이 준 선물, 고진감래

- 브랜드 감성화

**Brand Marketing &
Brand Storytelling**

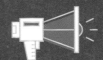

슈당이 준 선물, 고진감래

슈당, 마음에 쏙 드는 브랜드 네이밍을 정하고 한밤중에 디저트까지 맛있게 먹었던 연주는 발표일을 행복한 마음으로 기다렸다. 그런데 지난 일주일 동안 정국이의 행동이 매우 수상했다. 마치 연주의 일거수일투족을 감시한다는 생각이 들 정도로 언제어디서나 시선을 느꼈기 때문이다. 정국이의 프레젠테이션이 있던 지난 금요일의 자신만만한 시선과 달리 지금은 눈빛에 초조함이 가득 담겨 있었다. 그 이유를 짐작한 연주는 더욱 철저하게 그의 시선을 받아냈다. 마치 '네가 나를 왜 보는지 알고 있어'라는 눈빛으로 강하게 쏘아보면 정국이는 이내 시선을 피했다. 정국이가 연주를 대하는 불안한 태도를 보면서 연주는 자신의 발표 자료를 정국이가 봤다는 확신을 99% 갖게 되었다. 그러나 연주는 아무 말도 하지 않고 열심히 그랜드 하버 프로젝트에 입점할 브랜드를 준비했다. 정국이가 자신을 따라올 수 없음을 확신했고, 그래서 여유롭게 동기들과 이야기를 나누고 주어진 일을 했다. 그럴수록 정국이의 불안은 가중되는 듯 했고, 연주의 컴퓨터를 몰래 본 것 같기도 했지만, 증거는 없었다. 이 상황에서 정국이가 할 수 있는 일은 아무 것도 없었기 때문에 연주는 더 자신을 가졌다.

연주는 회사 컴퓨터에는 자료를 전혀 남기지 않았고, 메일에도 자료를 남겨두지 않으면서 늘 휴지통을 비워 작은 자료도 없도록 했다. 그리고 늘 클라우드에 백업을 하고, USB를 갖고 다니면서 모든 것을 그 안에만 저장했다. 야근을 하려고 마음먹었던 날도 정국이가 있으면 바로 칼퇴를 했고, 집이나 카페 등에서 노트북으로 일을 했다. 그렇게 4일이 금방 갔고 드디어 다시 금요일이 왔다. 연주는 야심차게 준비한 브랜드를 제대로 발표했고, 다시 한 번 흔들리는 정국이의 눈빛을 느끼면서 자신 있게 발표를 마무리했다.

"지난 주 갑작스럽게 발표를 할 수 없어 다른 조원들보다 한 주 더 준비할 시간을 갖게 되어 선배님은 물론 동기들에게도 미안함을 가지고 있습니다. 그러나 지난주에 발표를 통해 본 동기들의 PPT는 매우 감명 깊었습니다. 특히 대학에서 배우긴 했지만 실전에서는 제대로 적용해 보지 못했던 브랜드 IDEA 이론을 활용한 정국이의 프레젠테이션에서 깊은 감명을 받았습니다. 앞으로도 좋은 경쟁자이자 동료로 더 좋은 아이디어를 낼 수 있는 시너지 효과를 얻을 수 있다면 좋겠습니다."

지난 고민의 흔적까지 모두 담아 프레젠테이션을 마친 연주는 모두의 칭찬보다 스스로에 대한 만족감이 컸다. 지난 번에 제대로 발표를 하고 좋은 결과를 얻었다면 더 좋았겠지만, 전화위복으로 오히려 더 좋은 브랜드를 만들어낼 수 있었기 때문이다. 생각의 깊이도 더 커졌다고 생각하니 스스로 성장한 기분이었다. 한결 편해진 마음으로 다음 발표를 들기 시작했고, 미처 생각하지 못한 아이디어를 내는 선배들의 프레젠테이션을 보면서 연주는 끊임없이 메모하고 떠오르는 아이디어를 수첩에 내내 적었다. 그런 연주를 보는 정국이는 매우 착잡해 했으나 그런 시선을 느끼면서도 연주는 정국이를 쳐다보지 않고 내내 자신 있는 얼굴로 연속되는 프레젠테이션에 집중했다.

연차가 높은 선배들까지 모두 참여했던 이날 프레젠테이션은 성공적으로 마무리되었고, 회의가 있어 잠시 왔다가 프레젠테이션까지 보게 된 그랜드 하버 프로젝트 담당자도 잘 했다며 박수까지 쳐주었다. 또 발표 내용에 대해 몇 가지를 더 물어보자 연주는 유창한 영어로 설명했다. 나중에 대표님과 그랜드 하버 담당자가 연주를 흘깃 보면서 대화를 나누는 것을 보며 연주는 가슴이 두근두근했다. 하지만 애써 마음을 다잡았다.

'너무 큰 기대는 하지 말자, 내가 최선을 다했고 자료로 인해 브랜드 론칭에 조금이라도 도움이 된다면 그것으로 충분할 테니까.'

감성이 지배하는 소비자 행동

현대는 고난도 기술이 존재하며 동시에 공급 과잉의 시대다. 그래서 필요에 의해 구매하는 기능적인 소비에서 기분에 따라 소비하는 감성적인 소비 패턴으로 전화했고, 고객과의 관계가 점점 더 중요해질 수밖에 없게 됐다. 20세기가 좌뇌를 중심으로 객관적 정보와 논리적 사고를 중시하는 이성적 사회였다면, 21세기는 우뇌를 중심으로 창의성과 직관력 그리고 경험을 중시하는 감성적 사회다. 즉, 고객과의 관계가 감성화될수록 브랜드 로열티를 가진 고객으로 발전할 가능성이 커진다는 사실을 알게 된 것이다. 보스턴대학교 수잔 포니어(Susan Fournier) 교수는 소비자가 브랜드를 사람처럼 지각한다는 것 자체가 브랜드와 소통하는 과정이라고 했으며, 또 '고객과의 관리를 효율적으로 하는 브랜드임에도 불구하고 사랑받는 브랜드로 성공하지 못하는 이유는 고객이 사람이라는 사실을 잊어버리기 때문이다.'라고 말했다. 즉, 사람들이 원하는 것은 제품의 품질만이 아니라 그들이 제품에 대해 느끼고 싶어하는 감성이기 때문에 제대로 파악하고 고객 감성을 자극할 수 있는 적절한 효용을 가질 수 있어야 한다는 것이다. 로열티로 이어질 수 있는 감성을 얻기 위해서는 감성을 자극할 수 있어야 한다. 감성을 자극할 수 있는 방법으로는 향수, 재미, 꿈, 사랑 등이 필요하다. 이렇게 마음 깊은 곳에 담겨진 감성버튼이 브랜드 마케팅에 의해 제대로 눌려야 고객은 로열티를 얻고 브랜드는 아우라를 뿜어낼 수 있을 것이다.

| 향수

향수는 과거와 고향을 그리워하는 심리 상태로, 현재를 부정적으로 생각할수록 과거를 회상하며 현재를 위로하게 된다. 그래서 경기불황 또는 경제적, 사회적 어려움에 처하면 행복했던 과거가 생각나고, 이로 인해 복고풍 제품을 선택하게 된다. 브랜드 역시 이에 착안하여 '향수 브랜딩'을 하면서 고객의 구매욕구를 자극한다. 과거의 제품을 그대로 판매하기도 하고 현대의 트렌드에 맞춰 제품의 디자인이나 형태를 변형하기도 한다. 이는 경제적인 이유도 있는데, 신제품을 고객에게 인지시키기 위해서는 막대한 비용이 필요하지만, 향수를 이용하는 경우 이러한 비용을 획기적으로 줄일 수 있기 때문이다.

| 재미

인간은 생각하는 동물이기 전에 놀이하는 동물이다. 21세기 감성 시대는 재미와 놀이를 추구하는 특성에 브랜드를 맞춰야 성공할 수 있다. 재미는 여러 가지로 세분화할 수 있는데, 기쁨, 희망, 자유 등이 있다. 제품이나 브랜드에 기쁨 요소를 주게 되면 소비자에게 긍정적인 마음가짐이 생기고, 이로 인해 브랜드는 더 높은 평가를 받을 수 있기 때문에 감성화에 성공하는 사례가 늘고 있다. 긍정 심리학의 대가 릭 스나이더(Rick Snyder) 교수는 희망은 자신이 바라보는 목표를 이끌어낼 수 있는 지각된 능력이자 목표에 도달하기 위한 방법과 동기라고 말했다. 희망이 높은 사람들은 스트레스를 하나의 도전으로 인식하고, 성공적으로 목표를 달성하는 과정에서 긍정적인 감성을 얻을 수 있다. 이밖에도 다양한 재미 마케팅은 고객들에게 좋은 인식을 주면서 재구매를 유도한다.

| 사랑

소비자가 브랜드에 대해 존경을 넘어선 유혹과 사랑을 갖게 해야 브랜드가 성공할 수 있다. 여기에는 열정, 친밀감, 책임감 등이 필요한데, 열정은 특정 브랜드를 소유하고 싶다는 마음, 친밀감은 브랜드와의 오랜 경험을 통해 생기는 친숙한 느낌, 책임감은 고객과 사회에 대한 약속과 장기적 관계에 대한 믿음, 즉 영원한 로열티를 의미하기도 한다.

꿈과 희망을 주는 브랜드, 아베다

• 사진 출처: www.avedakorea.com

친환경 라이프 스타일 브랜드 아베다AVEDA는 오일부터 샴푸까지 다양한 제품을 출시하고 있다. 그중 스파 서비스 제품이 특히 유명한데, 고객의 스트레스 및 심신을 편하게 해주며 고객으로 하여금 특별한 관심을 받고 있다는 생각을 갖게 한다. 즉, 단순한 식물성 저자극 화장품이 아니라 육체, 정신, 영혼의 삼위일체인 웰빙을 지향하는 라이프 스타일을 지향하는 브랜드로, 향기로운 아로마 테라피와 마사지, 저자극성 화장품을 통해 여성들에게 꿈과 희망을 주는 브랜드로 성장하게 되었다. 실제로 우리나라에서도 아베다 제품만 사용하는 마사지샵이나 염색, 펌, 클리닉을 하는 미용실도 꽤 많을 정도이다. 2020년 5~7월에는 샴푸 브랜드 중에서 가장 평판이 좋은 브랜드 1위에 선정되었으며, 늘 순위권에 있을 만큼 좋은 평가를 얻고 있다.

브랜드 감성화	**사랑을 활용한 브랜딩, 샤넬**

자타가 공인하는 최고의 명품 브랜드 중 하나인 샤넬의 창시자 가브리엘 샤넬(Gabrielle Chanel)에 대해 많은 사람들은 '사랑'을 키워드로 꼽는다. 가브리엘 샤넬은 최초의 후원자이자 연인이었던 아서 카펠에게 향수 샤넬 No.5를 헌정했고, 2차 세계대전 중에는 독일 장교와 사랑에 빠져 프랑스인들의 비난을 받으며 모국인 프랑스를 두고 스위스에서 망명 생활을 하기도 했다.

하지만 샤넬은 성공한 직업 여성으로서 많은 여성들에게 동경의 대상이 되었다. 남성 중심의 세상에서 브랜드를 만들었고, 여성에 대한 편견이 가득한 세상에서 자신을 당당하고 솔직하게 표현했기 때문이다. 샤넬은 이런 자신을 브랜드의 모델로 삼았고, 많은 여성들이 샤넬을 동경하게 되었다. 코스메틱 브랜드 샤넬의 대표적인 향수 샤넬 No.5가 의미하는 것은 샤넬 그 자체이다. 유혹, 섹시, 사치, 유머, 여성성을 잘 담아냈기 때문에 수많은 마니아를 양산하는 것은 물론, 지금도 꾸준히 사랑받는 스테디셀러 향수가 되었다.

코스메틱 브랜드를 바탕으로 하면서 패션에서 샤넬의 파워는 더욱 컸다. 자신이 모델이 되어 직접 디자인하고 착용하면서 좋은 반응을 얻는 것은 물론, 수많은 고객들의 로열티를 얻으면서 20세기에 이어 21세기에서도 샤넬은 최고의 패션 브랜드, 최고의 코스메틱 브랜드로 인정받고 있다.

• 사진 출처: www.chanel.com

15

최종 승자는
과연 누구?

- 브랜드 아우라

**Brand Marketing &
Brand Storytelling**

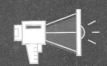

최종 승자는 과연 누구?

연주의 발표가 있고 약 한 달 뒤, 치열한 토론과 고민 끝에 그랜드 하버 프로젝트 브랜드들이 결정돼 발표를 앞두고 있었다. 연주는 혹시나 하는 기대도 있었지만, 연주의 파트 외에 어떤 브랜드들이 선정될지 개인적으로도 매우 궁금했다. 그때 뜻밖의 기쁜 소식이 있었다.

"연주야, 아직 공식 발표는 나지 않았지만, '슈당'이 디저트 파트에서 압도적인 찬성으로 선정됐대. 우리 회사에서도 반응이 좋았지만, 특히 그랜드 하버 그룹 담당자들이 매우 마음에 들어했다고 하더라고. 미리 축하해! 하지만 너만 알고 있어야 해. 공식 발표 전까지는 1급 비밀이니까."

팀장의 말이 있고 몇 시간 뒤 신입사원 중 한 명의 아이디어가 선정됐다는 확인할 수 없는 소문이 돌면서 연주는 그게 나였구나 하는 생각을 하게 되었다. 팀장과의 약속대로 내색을 전혀 하지 않았지만, 기쁜 마음을 숨길 수는 없었다. 출근 때부터 퇴근 때까지 늘 생글생글 웃고 있었고, 선배들이나 동기들은 좋은 일 있냐고 자주 묻기도 했다. 이런 상황을 보면서 연주는 앞으로 더 성장하기 위해서는 겸손해야겠다는 생각이 들었다.

연주가 다니고 있는 JP기획은 워낙 큰 프로젝트가 많았기 때문에 설레고 기대하던 마음도 잠시, 다른 일을 하느라 시간은 순식간에 지나갔다. 연주 역시 선배들이 시키는 대로 자료를 취합하기도 하고 프레젠테이션 시안을 작업하기도 하면서 바쁜 시간을 보냈다. 가끔은 외근도 나가서 자료 조사도 하고 미팅을 따라가기도 하면서 광고기획 업무를 차근차근 배웠고, 여전히 야근을 밥 먹듯이 하고 주말에 나와서 일할 때도 많았기 때문에 몸은 피곤했지만 업무는 늘 재미있었다. 경험이 조금씩 쌓여갈수록 잘 할 수 있다는 자신감도 들었다. 광고기획자의 특성상 선배들 중에서는 독립을 해서 광고회사를 운영하는 경우도 종종 있었는데, 연주 역시 충분히 경력을 쌓은 뒤에는 자신만의 아이덴티티를 담은 광고회사를 설립해 보겠다는 꿈도 갖게 되었다.

드디어 홍콩 그랜드 하버 프로젝트에 진출할 최종 브랜드가 발표되는 날 아침, 출근준비를 하면서부터 가슴이 설레는 한편 두려운 마음도 들었다. 입을 옷도 망설여지고 화장에도 집중할 수 없을 정도로 들떠있었다. 허겁지겁 출근하느라 이날은 출근시간에 아슬아슬하게 도착할 수 있었다. 선정된 브랜드 발표는 간단한 행사가 아니었다. 고객사인 그랜드 하버 그룹의 담당자들이 JP기획에 직접 올 예정이었기 때문에 행사 준비로 인해 회사 분위기는 어수선했다. 연주와 다른 동기 몇몇은 케이터링 및 의전까지 맡아 정신이 없었는데, 그러다 보니 마치 대학 축제 기획을 준비하던 날 생각이 났다. 연주뿐만 아니라 모두 어수선해 하면서도 설레는 기운이 한껏 있었는데, 이런 분위기에 익숙했기 때문에 다른 신입사원들보다는 덜 긴장되는 느낌이었다. 같이 케이터링을 준비하던 동기 하나가 말을 꺼냈다.

"얘들아, 신입사원이 낸 브랜드가 선정된다는 소문은 사실인 거 같아. 어쩐지 내가 될 거 같은데 한 턱 쏠 테니까 너무 부러워하지마. 하하"

"어림도 없어. 솔직히 연주가 될 것 같지 않아? 다른 브랜드도 좋았지만 객관적으로 보기에도 연주의 브랜드가 더 참신한 것은 사실이잖아."

동기들의 농담에 연주는 차분히 말했다.

"잘 모르겠지만 힘들지 않을까. 엄청난 선배들도 많아서 아무래도 내 기획안은 힘들지 않을까 싶어. 신입사원의 브랜드가 선발된다는 것도 소문에 불과하고. 아직은 선배들을 따라가기 힘든 게 사실이니까."

처음에 팀장에게 '슈당'이 선정됐다는 말은 들었을 때는 매우 기뻤지만, 시간이 갈수록 비현실적인 느낌이 든 것은 사실이었다. 특히 이날 행사를 준비하다 보니 쟁쟁한 선배들을 이겼을 것이라는 생각은 더 이상 들지 않았다. 언제든 바뀔 수 있다는 생각을 하면서 자신의 기대도 낮추어야 실망할 상황이 오더라도 덜 충격받을 수 있다는 생각도 들었다.

발표 시간이 임박해지자 JP기획들의 임원들과 그랜드 하버 관계자들이 회의실에 하나둘 들어왔다. 대표이사의 인사말 및 브랜드 방향에 대한 브리핑이 끝났고, 최종적으로 제안하는 브랜드 네이밍과 디자인을 화면에 띄웠다. 한국 고기 브랜드, 와인 브랜드, 레스토랑 브랜드들에 대한 설명이 끝나고 디저트 카페의 디자인이 스크린에 떴을 때 연주는 자신의 눈을 의심하며 숨이 멎을 뻔했다. 스크린 속의 '슈당'이라는 브랜드가 떠 있었고 다들 고개를 끄덕거리며 '슈당'에 만족하는 분위기였기 때문에 놀람을 금할 수 없었다.

대표이사의 마지막 인사로 행사가 끝났고 그랜드 하버 그룹의 담당자들이 나갔다. 프레젠테이션이 끝났지만 멍해 있던 연주에게 주변에 있던 동기들과 선배들 몇몇이 축하인사를 건네며 어깨를 두드려 주었다. 그동안 아이디어를 내고 기획을 하느라 했던 마음고생이 주마등처럼 지나갔다. 몇몇은 부러움 가득한 눈빛으로 연주를 바라보고 있었는데 그 안에 악의는 없었다.

이날 퇴근 준비를 하면서 연주는 문득 정국이가 떠올랐지만 굳이 일부러 찾지는 않았다. 결국 승자는 연주였고 어쩌면 정국이로 인해 자신이 광고기획자로서 한층 더 성장할 수 있을 것이라는 생각도 들었기 때문이다. 하지만 더 이상 그 생각은 하지 않기로 했다. 앞으로 연주가 감당해야 할 일이 더 많을 테니까. 그리고 언젠가는 '슈당'을 브랜드 아우라를 가진 브랜드로 자신의 손으로 만들어져야 할 테니까. 그리고 여기에 더 힘을 쏟아부어야 하니까.

브랜드 아우라의 정의

월터 벤야민은 1936년 '기술 복제 시대의 예술작품'이라는 논문에서 브랜드 아우라(Brand Aura)라는 단어를 처음 사용했다. 벤야민에 따르면 브랜드 아우라에서 '아우라'의 원래 뜻은 사물에서 발생하는 특별한 기운을 의미하며, 브랜드 아우라란 특정한 오리지널리티(originality)를 가지고 있는 브랜드에서 발생하는 후광(halo)과 카리스마(charisma)를 가지고 있음을 의미한다.

아우라를 가진 브랜드로 발전한다는 것은 카리스마를 가진 온리 원(only one) 브랜드가 된다는 것을 의미한다. 온리 원 브랜드는 특별한 마케팅을 하지 않아도 가격 민감도가 매우 낮은, 하지만 높은 로열티를 가진 소비자를 가진다는 뜻이다. 따라서 경기불황에 매우 강하고 세대와 문화를 넘어 영원히 빛을 발하는 '브랜드 스타'가 되는 것이다. 장수 브랜드라고 해서 모두 브랜드 아우라를 가지고 있다고는 할 수 없지만, 대부분 장수 브랜드로 발전하면서 영원한 생명력을 가질 수 있게 된다.

브랜드 아우라를 가지기 위해서는 브랜드 정체성(Brand Identity)을 시작으로 차별화, 감성화 등의 3단계를 성공적으로 수행해야 한다. 그런데 이 단계를 모두 거쳤다고 해서 아우라가 발생하는 것은 아니다. 브랜드 아우라가 발생하기 위한 충분조건은 바로 우연한 행운이다. 인간의 인위적인 노력과 함께 행운이 있어야 하는 것이다.

브랜드 아우라의 개념과 세 가지 조건

아우라를 가진 브랜드는 영혼을 교류하고 자아를 실현하는 대상으로 상품을 격상시킨 사례라고 할 수 있다. 결국 브랜드와 브랜드 로열티를 가진 고객들이 무의식적으로, 종교적으로, 영성적으로 강하게 연결돼 있다.

| 시간
브랜드 아우라가 발생하기 위해서는 최소 한 세대, 즉 최소한 30년이라는 물리적 시간이 필요하다. 브랜드 아우라를 갖추기 위해서는 차별화, 감성화 작업은 물론 30년 이상 브랜드가 이어지면서 한 세대 이상 시장에서 확고한 위치를 잡아야 한다는 것이다. 최근 구글 등 IT 관련 브랜드는 예외적 사례도 있지만, 대부분은 수십 년의 역사가 있어야 브랜드 아우라를 가질 수 있다.

| 보편성
브랜드 아우라는 한 지역 또는 특정 국가의 국경을 뛰어넘는 글로벌 특성을 가지고 있어야 한다. 유럽, 아시아, 아메리카 등 글로벌 경제의 중심지 3개 중 2개 이상의 지역에서 인지도, 선호도 그리고 일정 수준 이상의 브랜드 로열티를 확보해야 한다.

| 진정성
역사서에 기록될 만한 독창성을 기본으로, 세계 최고를 지향하는 장인 정신을 갖고 있어야 한다. 소비자 측면에서 보면 브랜드 아우라는 마니아 소비 문화를 통해 만들어지는 것이기 때문에 창의성과 품질은 소비자로 하여금 진정성을 느낄 수 있도록 뛰어나야 한다.

브랜드 아우라를 가진 기업

수없이 많은 브랜드가 있지만 그중 글로벌 브랜드 아우라를 가진 브랜드는 흔치 않다. 대표적으로 코카콜라, 애플, BMW, 페라리, 할리 데이비슨, 에르메스, 루이비통, 샤넬 등이 있다. 애플은 신제품이 나오면 매장 앞에서 1박 2일 동안 줄을 설만큼 아우라를 가지고 있다. 루이비통이나 샤넬 역시 백화점이나 면세점 등에서는 평소에도 줄을 서서 기다렸다 들어가야 하는 경우가 많으며, 가격이 오른다는 발표만 있어도 문전성시를 이루는 대표적인 브랜드다. 국내에서는 브랜드 아우라를 가진 기업으로는 삼성전자, 포스코, 신라면, 소나타 등이 있으며, 특이하게도 지역명인 제주가 대표적인 국내 브랜드 아우라를 가진 곳이라고 할 수 있다.

• 사진 출처: (시계 반대 방향) harley-korea.com, www.chocopie.co.kr, www.hermes.com/kr/ko

아우라 브랜드의 종류

| 명품 브랜드

최고의 장인들이 만드는 100년 이상의 역사를 가진 최상위 브랜드로, 희소성이 매우 높고 대중 브랜드에 비해 10~100배 이상의 가격 프리미엄을 가지고 있다. 가격은 매우 높지만 소비자의 지불 용의도 매우 높아 수천만 원을 호가하는 에르메스 켈리백은 대기자 명단에 넣어서 기다렸다 살 정도다.

| 컬트 브랜드

특정 브랜드에 대한 태도가 종교적이라고 할 수 있을 정도로 강한 마니아 고객층을 가지고 있는 브랜드로, 2004년 비즈니스 위크 지에서 처음 사용한 용어다. 컬트 브랜드는 주류에서는 다소 벗어나 있지만, 종교처럼 대하는 소수의 열성팬들을 보유하고 있다. 할리 데이비스, 나이키, 애플 등이 대표적이다.

| 장수 브랜드

명품 브랜드와 같은 화려함이나 컬트 브랜드와 같이 종교적 경지에는 도달하지 못하지만, 뚜렷한 기능성이나 독특한 상징성 등으로 세대를 뛰어넘어 지속적으로 소비자의 사랑을 받은 브랜드다. 우리나라에서는 동화약품의 활명수, 해태제과의 브라보콘, 오리온 초코파이, 모나미 등이 있으며, 이러한 브랜드는 20세기에 이어 21세기에서도 꾸준한 매출을 자랑한다.

에르메스

창업자 티에리 에르메스가 1837년에 설립한 명품 럭셔리 브랜드 '에르메스'는 180년 넘게 이어지고 있다. 처음 100년동안 에르메스는 안장과 마구가 주요 제품이었지만, 도시화, 산업화에 따라 자동차가 말을 대체하는 것을 본 티에리 에르메스의 아들이자 2세대 경영자인 샤를 에밀 에르메스는 가방을 만들기 시작했다. 20세기에는 미국을 비롯해 북아프리카, 러시아, 아시아 등에 진출했으며, 가죽 제품뿐만 아니라 여행, 스포츠, 자동차용품, 실크 스카프 등 다양한 영역으로 확장시켰다. 1956년에는 모나코의 왕세자비 그레이스 켈리(Grace Kelly)가 에르메스의 가방을 들면서 에스메스를 대표하는 '켈리 백'이 높은 인기를 얻었으며, 향수, 액서서리, 의류까지 영역을 더욱 확대하면서 켈리 백 외에도 버킨 백, 집시에르 백, 툴박스 백, 베르린 백 등이 인기를 얻었다.

에르메스는 매장에서 보이는 아름다움이 아닌, 시간이 흐르면서 더 아름다워지는 것을 에르메스의 정신으로 삼았다. 그래서 아무도 알아주지 않는 사소한 디테일에 신경을 썼다. 2007년 금융위기 당시 금값의 폭등으로 금이 함유된 가방 잠금쇠를 만드는 데 문제가 되기도 했었는데, 현재 수준을 유지해야 8년 뒤 고색창연한 녹청색을 띨 수 있다고 장인들이 건의해 더 높은 제작비용을 감수하고 제품을 계속 만들었다. 2019년 발표된 Top 10 명품브랜드 가치에서는 루이비통, 샤넬에 이어 3위를 차지하기도 했다.

• 사진 출처: www.hermes.com/kr/ko/

동화약품 까스활명수

미용티슈는 크리넥스, 모기약은 에프킬라, 소화제는 활명수 등 아우라 브랜드는 해당 제품의 대명사가 된 경우가 많다. 그중 활명수는 우리나라 최초의 제조업체이자 최장수 상장기업인 동화약품에서 만든 것으로, 우리나라의 아우라 브랜드 중 가장 오래된 것이라고 할 수 있다.

동화약품은 1897년 동화약방으로 설립된 후 지금까지도 당시의 원형을 그대로 유지하고 있는 유일한 기업이다. '민족이 합심하면 잘 살 수 있다'라는 기업 이념을 내세우며, '동화'와 '부채표'를 각각 상호와 상표로 정했다. '동화'는 '두 사람이 마음을 합하면 예리함이 쇠도 자를 수 있다. 나라가 화평하고 해마다 풍년이 들면 나라가 부강해지고 국민이 평안해진다'는 뜻이며, 부채는 '종이와 대나무가 서로 합해 맑은 바람을 일으킨다'는 뜻이다. 동화와 부채는 모두 '민족이 합심하면 잘 살 수 있다'는 민족정신을 내포하고 있다.

동화약품의 대표 상품이자 장수 브랜드는 까스활명수로, '생명을 살리는 물'이라는 뜻의 '활명수'에서 비롯됐다. 탁월한 효능을 발휘하면서 오랫동안 사랑을 받아왔으며, 부채표가 유명해지면서 동화약품의 다른 제품들도 좋은 반응을 얻을 수 있었다. 2019년에는 본격적으로 한방 화장품 사업을 시작하면서, 부채표의 기업정신을 더 폭넓게 확대하고 있다.

• 사진 출처: www.whalmyungsu.co.kr

MEMO

16

넌 나의
적수가 아니야

- 브랜드 스토리텔링

**Brand Marketing &
Brand Storytelling**

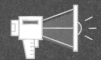

넌 나의 적수가 아니야

어렸을 때부터 정국이는 승부욕이 매우 강했다. 가정형편이 넉넉지 않았기 때문에 다른 친구들처럼 학원을 다니거나 과외를 할 수는 없었지만, 몇 배의 노력을 하면서 공부한 덕분에 늘 우수한 성적을 거둘 수 있었다. 성공하겠다는 목표를 가지고 있었기 때문에 대학 전공 역시 경영학을 선택했고, 경영학 중에서도 마케팅에 관심이 많아 세부전공으로 결정해 우수한 학부 과정을 마치고 JP기획에 어렵지 않게 입사할 수 있었다.

그동안 정국이가 이기겠다는 마음을 가지면 고등학교 때도 대학 때도 한 번도 진 적이 없었다. 간혹 방심했을 때는 가끔 1등을 놓치기도 했지만, 전력을 다하면 언제나 1등은 정국이의 것이었다. 우수한 인재들이 모였던 대한대학교에서도 수석의 자리를 놓치지 않았던 정국이였지만 JP기획에 들어오면서 어느덧 모든 것이 틀어지기 시작했다. 첫 발표 때는 준비가 부족해 그럴 수 있다고 생각했지만, 연주에게 매우 자존심이 상했다. 연주는 정국이처럼 열심히 일하지도 않았고 늘 여유를 부린다고 생각했기 때문에 더욱 화가 났다. 결국 정국이는 해서 안 될 일까지 하고 말았다.

그 시작은 야근이었다. 좋은 아이디어를 찾다가 문득 고개를 들어보니 연주가 컴퓨터를 끄고 나가고 있었다. 그런데 컴퓨터에 문제가 있었는지 전원이 꺼지지 않았고, 정국이는 연주가 건물을 나서는 것을 확인하고 연주의 컴퓨터로 갔다. 로그아웃도 되지 않은 연주의 컴퓨터에는 연주가 그동안 준비한 홍콩 브랜드 준비 자료들이 모두 있었고, 정국이는 자기도 모르게 그 자료들은 자신의 USB에 옮기고 있었다. 그리고 그 자료들로 발표를 준비했고, 친한 선배에게 미리 말해 연주보다 앞서 발표할 수 있도록 했다.

하지만 정국이가 연주의 자료를 그대로 따라한 것은 아니었다. 정국이도 내로라 하는 마케팅 인재였고 발표 능력은 연주보다 조금 아쉬울 지 몰라도 충분히 능력을 인정받는 수재였다. 기존의 아이디어에 연주의 아이디어를 더해 좋은 결과물을 얻어냈고, 이번에야말로 1등을 할 수 있을 것이라는 자신이 생겼다. 이미 발표를 해버리면 연주가 자신의 아이디어를 베낀 것이라고 해도 믿어줄 사람이 적을 것이었고, 마케팅 시장에서 비슷한 아이디어가 나오는 것은 비일비재하기 때문이다. 연주가 화를 낸다면 만년 2등에게 1등을 빼앗긴 자의 시기와 질투로 넘길 수도 있었다.

그러나 연주는 정국이의 생각과 너무 달랐다. 정국이의 발표 당일에는 큰 충격을 받은 듯 했지만, 월요일 출근 이후에는 매우 안정돼 보이기까지 했다. 게다가 다른 사람이 눈치를 채지 못하도록 연주를 계속 관찰

했으나 발표 준비를 하는 기미도 보이지 않았다. 한 번은 연주가 퇴근한 후에 몰래 연주의 컴퓨터를 켜 본 적도 있었으나 비밀번호도 걸려 있지 않은 연주의 컴퓨터에는 홍콩 브랜드와 관련된 어떠한 자료도 없었다.

게다가 가끔씩 느껴지는 연주의 시선은 무서울 정도였다. 정국이와 눈이 마주칠 때는 살짝 미소를 지었으나 그 미소에는 '난 네가 한 일을 알고 있다'라는 의미가 느껴졌다. "혹시 네가 내 아이디어를 훔쳤니?"라고 물어본다면 아니라고 대답이라도 할 수 있으니 차라리 그 편이 낫겠다는 생각도 들 정도였다.

연주의 행동을 봤을 때는 이번 발표는 포기하고 다음을 준비한다고 생각할 수밖에 없었지만 정국이는 어딘가 불안했다. 첫 번째 발표일에 정국이가 1등을 했어도 불안했던 것은 그때문이었다. 연주가 그 사이 더 좋은 아이디어를 내서 정국이를 이긴다면, 비겁한 행동까지 하면서 얻은 1등은 아무런 소용이 없기 때문이다. 지금까지 해외여행을 한 번도 가보지 못했던 정국이는 홍콩 지사에서 일하겠다는 처음 목표는 사라지고, 오로지 연주가 정국이보다 못한 결과만을 얻기를 바랐다. 그러나 결국 정국이가 우려하던 일이 벌어졌고, 신입사원 중에서는 유일하게 연주의 아이디어가 홍콩 브랜드에 뽑히면서 연주가 정국이보다 한 수 위임은 더욱 확실해졌다. 정국이는 비참한 기분까지 들었지만 더 이상 무엇을 어떻게 할 수가 없었다. 어쩌면 이대로 연주가 홍콩 지점으로 가는 게 낫겠다는 생각마저 들었다. 2인자로 사는 건 너무 힘들었기 때문이다. 이제 도대체 무엇을 어떻게 해야 할 지 정국이는 망연자실해졌다.

스토리텔링

최근 몇 년 동안은 스토리텔링이 최고의 마케팅 커뮤니케이션이 되었는데, 그중 성공하는 스토리텔링의 공통점은 하나다. 바로 쉽다는 것. 스토리텔링이 쉬워야 기억을 하고, 잊지 않아야 그 제품 혹은 서비스를 살 수 있기 때문이다. 스토리를 통해 소비자에게 제품에 대한 공감과 연상을 갖게 하고, 그 스토리에 공감하면서 좋은 결과를 얻게 하는 것이다.

브랜드 스토리텔링

브랜드 스토리는 해당 브랜드의 독특한 분위기와 매력을 형성하기 때문에 브랜드의 인지도를 높이고 아우라를 강화시켜주는 역할을 할 수 있다. 진정성 있는 스토리텔링은 아우라를 발생시킬 수 있으며, 같은 뜻을 가진 사람들이 의견을 같이 하면서 입에서 입으로 전해져 그 영향력은 더욱 커지게 된다. 소비자는 과장되거나 작위적인 마케팅이 아닌, 브랜드에 담긴 의미, 근본, 진실성을 원하기 때문이다.

미국의 소설가 폴 오스터는 '스토리를 만들고 전달하는 것이야말로 우리가 세상을 이해하고 우리 삶의 의미를 만들어내는 유일한 방법'이라고 말하기도 했다. 이러한 스토리텔링에 브랜드가 걸어온 길을 보여주는 브랜드 역사가 있다면 더욱 좋다. 앞으로 브랜드가 나아갈 방향을 알려주는 나침반과 같은 역할을 하기 때문이다. 21세기의 기업 커뮤니케이션의 본질은 설득이 아닌 소통과 공감이다. 그래서 스토리가 없으면 소비자의 소통과 공감을 바탕으로 한 감성에 어필하기가 힘들어지며 공감역시 얻을 수 없게 된다.

성공스토리의 구성 요소

| 플롯(Plot)

스토리텔링에 있어 어떤 사건이 왜 일어났는지에 대해서 설명해야 한다. 스토리텔링의 가장 기본적인 뼈대라고 할 수 있기 때문에 매우 중요하다.

| 주제(Theme)

스토리텔링을 할 때는 '이 스토리는 ㅇㅇ에 대한 이야기다'라고 명확하게 이야기할 수 있어야 한다. 주제가 명확하지 않으면 받아들이는 사람이 집중하기 어렵고 오래 기억에 남지 않는다.

| 드라마틱한 긴장(Dramatic tension)

긴장은 감성을 움직이는 원천이기 때문에 선과 악, 선인과 악인 사이의 긴장은 결국 해소되지만, 긴장의 정도가 강하지 않으면 감동이 발생하지 않는다. 만약 스토리텔링의 결과가 식상하다면 긴장의 정도가 충분히 강한지를 살펴보는 것도 좋다.

| 상징성(Symbolism)

부엉이는 지혜를 상징하고 비둘기는 평화를 상징하는 등 스토리를 상징하는 아이콘이나 상징이 강하게 부각될수록 감동이 커질 수 있다. 단, 너무 식상하거나 흔한 상징은 쓰지 않는 것이 좋다.

에스티 로더(The Estée Lauder)

• 사진 출처: www.esteelauder.co.kr

전 세계 화장품 산업의 역사를 통틀어 가장 위대한 여성이자 아메리칸 드림의 상징이라고 할 수 있는 대표적인 인물은 아름다움의 전도사, 에스티 로더다. 2004년 4월 96세로 세상을 뜨기 전까지 그녀의 실제 나이를 아는 사람이 아무도 없었다고 한다. 그만큼 그녀는 나이를 밝히지 않기로 유명했으며, 아름다움을 유지하는 데 철저했다.

어렸을 때부터 화장품에 관심이 많았던 에스티 로더는 피부과 의사였던 삼촌에게 화장품 제조 지식을 전수받아 클렌징 제품을 시작으로 집에서 여러 가지 화장품을 만들었다. 이후 헤어 살롱의 작은 코너에서 직접 만든 화장품을 팔다가 브랜드를 만들게 되었고, 1946년에는 남편 조셉 로더와 함께 본격적으로 미국에서 화장품 브랜드를 만들었다. 1970년대에는 화장품 업계에서 유일하게 '세계 10대 여성 기업인'에 선정될 정도로 뛰어난 경영능력과 마케팅 능력을 보이기도 했다.

브랜드 론칭 초기 에스티 로더는 향수 '유스 듀'를 출시하고 프랑스에서 가장 큰 백화점인 라파예트에 입점하려고 했다. 그러나 백화점 구매 담당자는 에스티 로더라는 브랜드에 관심이 전혀 없었으며, 심지어 그녀를 만나주지도 않았다. 그러자 에스티 로더는 엄청난 양의 향수 '유스 듀'를 바닥에 쏟아부어버리고 유유히 백화점을 떠났다. 아름다운 향이 다음날까지 공중에 떠다녔고, 백화점을 방문한 고객들이 그 향을 물어보면서 결국 입점할 수 있었다. 이후에도 유스 듀 향을 다른 화장품에 접목하면서 브랜드가 꾸준히 성장하는 계기가 되었다. 1982년에는 지금도 많은 여성들에게 갈색병이라고 불리며 사랑을 받고 있는 나이트 리페어(Night Repair)가 출시돼 지금까지 사랑을 받고 있다.

• 사진 출처: www.esteelauder.co.kr

HP(Hewlett-Packard, 휴렛 패커드)

1939년 설립된 미국의 다목적 컴퓨터정보 기술 업체 휴렛 패커드
(Hewlett-Packard)는 컴퓨터와 컴퓨터용품으로 유명하다. HP는 실
리콘밸리 1호 벤처기업인 '휴렛 패커드(HP)'의 공동 창업자인 빌 휴
렛(Bill Hewlett)과 데이비드 패커드(David Packard)의 이름에서 따
왔다. 스탠퍼드 대학교 동창인 이들은 누구 이름이 앞에 와야 하는지
를 놓고 동전 던지기를 했는데 결국 패커드가 이겼다. 그러나 막상 불
러보니 '패커드-휴렛'보다 '휴렛-패커드'라고 부르는 것이 발음하기에
도 듣기에도 쉬웠기 때문에 기업명이 될 수 있었다.

휴렛 패커드에는 재미있는 에피소드가 있다. 전임 CEO인 빌 휴렛이
회사를 돌아보다가 연구개발부서의 창고문이 잠겨 있는 것을 발견했
다. 답답했던 휴렛은 자물쇠를 절단기로 자르고 '다시는 이 문을 잠그
지 말 것'이라는 메모를 남겨놓았다는 일화는 휴렛-팩커드가 무엇보
다도 신뢰라는 가치를 중시했음을 알 수 있다.

1940년부터 1990년대까지는 창업 이후 첫 성공을 거둔 정밀 음향
발진기 및 전자계측기 등을, 1990년대 이후에는 사무시기와 컴퓨터,
복합기 등으로 소프트웨어부터 하드웨어까지 다양하게 시장을 넓혔
다. 2002년에는 컴팩과 합병하고 2008년에는 EDS(Electronic Data
Systems)를, 2010년에는 팜(Palm)과 3PAR를 인수했다.

• 사진 출처: www8.hp.com/kr

MEMO

17

연주의 특별한 브랜드, 슈당

- 오감 브랜딩

**Brand Marketing &
Brand Storytelling**

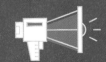

연주의 특별한 브랜드, 슈당

요 며칠 아침에 일어날 때마다 연주는 설레는 마음으로 출근 준비를 하고 있다. 연주의 디저트 카페 브랜드인 '슈당'이 홍콩에서 건설된 그랜드 하버 그룹 백화점의 메인 디저트 카페 브랜드 네임에 뽑혔고, 슈당 프로젝트 팀에서 당분간 일하게 됐기 때문이다.

발표가 나고 며칠 뒤 자신이 제출한 브랜드 '슈당'의 아이덴티티를 구체화하라는 지시가 내려왔다. 연주 역시 '슈당'을 좀 더 구체적으로 만들어 보고 싶었기 때문에 회사의 지시가 오히려 반가웠다. 같이 공부하던 동기들과 스터디에서 각자의 브랜드로 분석해 보면 어떨까 하는 생각도 들었지만, 연주를 제외하면 브랜드가 선정된 동기가 없었기 때문에 잘난 척 같은 느낌이 들어 곰곰이 생각하다가 혼자 하기로 결정했다. 자료 조사부터 제안서까지 처리할 것이 많았기 때문에 일거리가 매우 많았지만 마냥 즐거웠다. 주말은 물론 평일에도 퇴근을 하면 간단하게 저녁을 먹고 카페 등을 탐방하며 열심히 자료를 찾고 또 찾으면서 연주는 '슈당'을 최고의 브랜드로 만들기 위해 노력했다.

'슈당'은 외식 브랜드인 만큼 오감을 만족시킬 수 있는 브랜드로 만들고 싶었다. 맛있는 디저트나 예쁜 인테리어는 어렵지 않았지만 그것만으로는 부족하다고 생각했기 때문이다. 인간은 시각, 청각, 촉각, 미각, 후각 등을 가지고 있고, 오각을 다 자극해야 제품이나 서비스에 만족할 수 있을 것이라고 생각했기 때문이다.

시각적인 면에서는 서울에 있는 수많은 카페들을 벤치마킹해 보기로 했다. 일단 집 주변의 카페부터 섭렵하기 시작했는데, 집 근처에 카페거리가 있었기 때문에 시간 날 때마다 하나씩 가보며 사진도 찍고 나름대로 분석도 해보았다. 음악에도 귀를 기울였다. 한국에서 온 브랜드라고 해서 K-Pop이 나오는 것보다는 좀 더 개성이 있는 편이 나을 것 같았다. 꼭 한국 음악을 고집할 필요도 없으리라 생각해 나오는 음악이 무엇인지 왜 선곡했는지도 직원들에게 꼭 물어보았다.

촉각은 인테리어 소재들을 좀 더 살펴봤다. '슈당'은 휴식하다는 의미가 있었기 때문에 좀 더 편안한 느낌으로 하는 게 좋을 거 같아 쇼파 위주로 살펴보았고, 연주가 생각하지 못한 다양한 탁자와 테이블을 보면서 놀라고 신기하기도 했다. 그동안은 별 생각 없이 지나쳤던 카페들이 얼마나 힘들게 만들어졌는지 알게 되면서 인테리어 전문가들에게는 존경심까지 갖게 됐다. 미각과 후각은 담당 파티셰가 알아서 할 부분이었지만, 예쁜 디저트나 독특한 음료가 있으면 참고가 될 수 있도록 미리 사진을 찍어두고 설명을 적어두었다.

이러한 과정을 반복하다 보니 연주는 자신이 카페 창업을 준비하는 사람처럼 느껴졌다. 연주는 자신이 카페를 창업하는 사람보다 더 많이 알아야 한다고 생각했다. 국내의 아이디어로 해외에 진출한다는 것은 쉬운 일이 아니고, 제대로 되지 않아 가장 먼저 폐점하는 일은 없어야 한다고 생각했기 때문이다. 그래서 '이 정도까지 알아야 할까?' 싶은 부분까지 꼼꼼하게 체크했고, 친구들과 함께 갈 때면 의견도 참고하면서 그렇게 카페 전문가가 되어갔다.

• 사진 출처: www.shutterstock.com

오감 마케팅과 호스피탈리티(hospitality)

인간의 시각, 후각, 청각, 촉각, 미각 등 신체 감각을 통해 브랜드를 경험하도록 하는 감성 마케팅 활동을 오감 마케팅이라고 한다. 오감 마케팅은 브랜드 아우라를 보다 강화시키는 역할을 수행하며, 일종의 쾌락주의로 이해할 수도 있다. 21세기의 제품과 서비스에서 대부분 이성과 감성은 기본적으로 충족된다. 그래서 프리미엄 브랜드 시장에서는 인간의 감각에 대한 충족 여부가 시장 성공의 포인트가 될 수 있다. 그래서 성공하는 브랜드가 되고 싶다면 아우라 브랜드가 되어야 하고, 아우라 브랜드는 소비가 곧 오감을 통해 브랜드 문화를 즐기는 것이어야 한다. 오감이 만족할 수 있는 호스피탈리티(hospitality, 환대, 후대)를 제공하기 위해서는 인간에 대한 총체적인 이해가 필수적이다.

| 시각

덴마크 출신의 린드스트롬 컴퍼니의 CEO 마틴 린드스트롬(Martin Lindstrom)에 따르면 모든 커뮤니케이션의 83%는 시각에만 호소하고, 나머지 17%가 나머지 네 감각에 호소한다고 한다. 시각은 오감 중에서 정보인지 능력이 가장 우수하며 가장 직접적으로 구매 동기를 유발하기 때문에 오감 중에서도 가장 중요하다.

| 후각

오감 중에서 가장 강렬하고 오래 남는 것은 후각이라고 할 수 있다. 후각은 여러 분야에서 사용되지만 특히 음식 분야에서 크게 영향을 발휘한다. 맛있는 음식 냄새를 맡으면 그제서야 허기를 느끼기도 하며, 음식의 맛도 70~80%는 먼저 후각으로 느끼게 된다. 후각 분야라고 할 수 있는 향기는 이미 하나의 산업 분야가 돼 있으며, 향기 마케팅은 고객의 만족도를 높이는 것은 물론 브랜드의 가치도 상승시켜 준다.

| 청각

소리는 사람들의 기분, 분위기, 행동 등과 밀접하게 연관돼 있으며, 소리에 따라 기분이 좋아지기도 하고 편안함을 느끼기도 하며 거부감을 느끼기도 한다. 특히 음악이 중요한 영향을 미치는데, 같은 움직임을 가져도 신나는 음악이 나오면 덜 힘든 경우가 많다. 청각 마케팅은 광고에서도 중요한 영향을 미치지만, 소매점 마케팅에서도 매우 중요하며 서비스, 매출, 고객 동선의 흐름에까지 영향을 미친다.

| 촉각

촉각은 인간의 오감 중에서 쾌락과 가장 밀접한 연관성을 가지고 있다. 대표적인 촉각 마케팅은 주로 화장품 매장에서 많이 사용하는 샘플링이다. 제품을 구매하기 전 테스터 또는 무료 메이크업 서비스 등을 통해 자신의 피부에 맞는지 경험해 볼 수 있다.

| 미각

미각은 후각과 매우 밀접하게 연결돼 있다. 감기나 기타 질환으로 냄새를 맡지 못하면 맛도 느끼지 못하기 때문이다. 빵집에서는 소비자의 후각과 미각을 자극하기 위해 출퇴근 시간대 또는 오후 시간대에 갓 구운 빵의 맛있는 냄새와 시식대를 이용해 고객의 발걸음을 붙잡는다. 마트나 백화점 등에서도 시식행사를 통해 활발한 마케팅을 펼치고 있다.

오감 브랜딩 [시각]	**내고향만두(한식)**

연 매출 5억 원을 자랑하며 방송 프로그램 서민갑부에도 나온 '내고향 만두'는 시각적인 마케팅을 중시하는 브랜드다. 매장 내에서 수제로 만두를 빚고 매장 입구에서 만두를 삶는 모습을 시연함으로써 고객의 시선을 끌어 모으며 매출효과를 크게 높이고 있다.

• 주소 : 인천광역시 남동구 인주대로888번길 27 창대장터상가

오감 브랜딩 [미각 · 청각]	**스타벅스(카페)**

커피 전문점인 스타벅스는 오감 마케팅을 가장 효과적으로 사용하는 브랜드 중 하나다. 특히 미각과 청각 마케팅의 대표적인 케이스로 꼽히는데, 전 세계의 어느 매장을 방문하더라도 똑같은 커피, 똑같은 음악, 똑같은 향기를 느낄 수 있도록 연출되어 있다. 모두 같은 맛을 낼 수 있도록 스타벅스의 파트너(직원)는 교육을 철저하게 받으며, 스타벅스에서만 들을 수 있는 음악을 별도로 제작해 CD로도 판매하고 있다.

• 사진 출처: www.starbucks.co.kr

오감 브랜딩 [후각 · 청각]	**콰이러(중식)**

정릉에 있는 중식당 콰이러는 청각과 후각 마케팅에 집중하고 있는 점포다. 매일 점심시간에 오픈키친을 활용해 주방장이 요리하는 모습과 음식 냄새가 내부에 퍼지도록 해 후각을 극대화하고 있다. 맛있는 냄새를 맡게 되면 식욕이 더 높아지기 때문에 매출과도 상관관계가 높다.

• 주소 : 서울특별시 성북구 솔샘로11길 55-2

오감 브랜딩 [시각 · 청각]	**사카에(일식)**

코리아나 호텔에 위치한 일식당 사카에는 시각 및 청각 마케팅을 실시하고 있다. 오픈키친에서 주방장이 직접 초밥을 만들고, 숙성된 회를 뜨는 모습을 시연하면서 시각적인 효과를 고객에게 전달하고 있다. 또 일식당의 특성을 잘 살려 일본의 전통 음악이 나와 일본 느낌을 내고 있다.

• 주소 : 서울특별시 중구 세종대로 135

오감 브랜딩	**한스갤러리(레스토랑)**

성북동에 위치한 한스갤러리는 유러피언 레스토랑과 카페 콘셉트를 도입해 레스토랑과 카페는 물론, 하우스 웨딩까지 가능한 공간이다. 외식 장소로 레스토랑 메뉴를 즐겨도 만족스럽지만, 셀프 웨딩 또는 테마 웨딩 때는 오감과 접목해 메뉴부터 서비스, 인테리어 콘셉트, 화랑 및 조각갤러리까지 기획 연출하여 차별화해 높은 매출을 자랑하고 있다.

• 주소 : 서울특별시 성북구 정릉로10길 127

• 사진 출처: 인스타그램 @hansgallery_life

MEMO

18

과거가 현재와 미래를 만든다

- 브랜드 자산

**Brand Marketing &
Brand Storytelling**

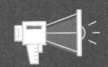

과거가 현재와 미래를 만든다

정국이는 흔히 말하는 개룡남(개천에서 용이 된 남자, 어려운 상황에서 성공한 남자)이었다. 사업에 실패하신 아버지가 어렸을 때 돌아가시고 어머니와 둘이 남아 힘겨운 삶을 살았다. 어머니는 정국이의 뒷바라지를 위해 최선을 다하셨지만, 공부도 잘 하고 하고 싶은 것도 많았던 정국이는 늘 부족함을 느꼈다. 사회생활을 한 적이 없었던 어머니는 최저 시급을 받으면서 식당에서 하루에 12시간 일하면서 정국이를 도왔고, 어머니가 고생하시는 것을 잘 알고 있었기 때문에 정국이는 더 열심히 공부했다. 덕분에 한국대학교 못지않은 최고의 대학 대한대학교 마케팅학과를 전액 장학금을 받고 입학해 졸업 때까지 수석 자리를 놓치지 않았다.

그러나 대학생이 되었다고 해서 형편이 나아지는 것은 아니었다. 과외 같은 고소득 아르바이트를 하면서 용돈도 벌고 생활비도 보탤 수 있었지만, 전보다 나아졌을 뿐 여전히 생활은 팍팍했다. 그래서 정국이는 빨리 취업을 해서 경제적으로 마음 편한 생활을 하고 싶었다. 자신도 좀더 마음 편하게 살고 싶었고 힘들게 일하시는 어머니에게도 휴식을 드리고 싶었다. 그래서 다른 친구들과 달리 휴학 없이 졸업을 했으며 취직도 빠르게 했다. 회사 선택도 더 나은 삶을 위해 꼼꼼하게 골랐다. 일반 대기업도 조건은 나쁘지 않았지만 퇴직 후에는 딱히 할 수 있는 일이 적었다. 그래서 대기업 수준의 연봉에 추후 개인사업도 할 수 있는 JP기획에 입사한 것이다. 물론 마케팅에 관심도 많았지만 그보다는 미래가 밝아서 선택한 것이 더 컸다.

정국이의 성적과 스펙은 좋았지만, 아르바이트와 학교생활을 하는 것도 힘들었기 때문에 동기들에 비해 경험은 적은 편이었다. 유학은 물론 어학연수도 갈 수 없었고, 공모전도 수상 경험은 있지만 시간상 많이 참가하지는 못했다. 다양한 경험을 해야 할 나이에 공부와 아르바이트로 생활을 책임져야 하다 보니 창의력을 키울 수 있는 사고가 부족할 수밖에 없었고 이는 결국 광고회사에서 일해야 하는 정국이에게 치명적인 약점이 되어버리고 말았다.

하지만 정국이는 연주를 보면서 생각을 바꾸게 되었다. 연주가 정국이보다 다양한 경험을 가지고 있었지만, 꼭 그것으로만 지금까지의 성과를 낸 것은 아니라는 생각이 들었기 때문이다. 목표를 향한 노력과 포기하지 않는 열정이 바로 연주의 가장 큰 자산이었다는 것을 알게 된 것이다. 열심히 일하고 힘들어하고 괴로워하다가 기뻐하는 연주를 보면서 정국이도 많은 생각을 했고, 연주의 컴퓨터를 훔쳐 본 일도 사과하기로 결심했다. 아직은 용기가 없지만 언젠가는 연주에게 지난 일을 사과하며 좋은 친구, 좋은 동료가 될 수 있기를 기대하기로 했다.

브랜드 자산(Brand Equity, 브랜드 에쿼티)

브랜드 자산이란 기업 및 기업의 고객에게 제품이나 서비스가 제공하는 가치를 증가 또는 감소시키는 브랜드, 브랜드 네임, 심벌 등과 연계된 브랜드 자산과 부채의 집합을 의미한다. 즉, 브랜드 자산은 브랜드가 없을 때보다 매출과 이익이 증대되고, 브랜드로 인해 경쟁사보다 강력하고 지속적이며 차별화된 우위를 갖게 해 주는 것이라고 할 수 있다. 브랜드 가치를 활용하는 목적과 관점에 달라지며, 제품에 부여되는 브랜드로 기업이나 소비자가 얻게 되는 부가 가치가 브랜드 자산이라고 할 수 있으며, 특정 브랜드에 대한 모든 인식과 지식을 합한 자산가치에서 브랜드에 대한 부정적인 인식을 제외한 것이 실제 브랜드 자산이라고 할 수 있다.

브랜드 자산을 견인하는 요소는 크게 브랜드 요소와 아이덴티티, 마케팅 활동과 프로그램 그리고 연관된 연상 등이다. 이중 가장 중요한 것이 연관된 브랜드 연상, 즉 2차 연상이라고 할 수 있다. 다른 좋은 이미지를 차용해 브랜드의 것으로 만드는 것으로, 기본적인 브랜드 이미지에서 느낄 수 있는 1차 핵심연상(Primary Association)과 이후에 파생되는 2차 연상(Secondary Association)이 있다.

브랜드 연상(Brand association)

브랜드 연상이란 소비자들이 브랜드나 상품, 서비스 등을 접할 때 연관돼 떠오르는 이미지나 감정 등을 의미한다. 코카콜라의 붉은 색, 나이키의 로고, 애플의 사과 모양 로고 등이 대표적이며, 백화점 하면 고급스러운 이미지, 마트 하면 저렴한 이미지 등도 브랜드 연상에 속한다. 브랜드 연상은 소비자가 제품이나 서비스를 바로 구매하도록 하지는 않지만, 경쟁사와 구별되도록 하기 때문에 기업에게는 매우 중요한 자산이다. 그래서 브랜드 연상은 제품이나 서비스의 포지셔닝과 밀접하며, 소비자가 구매를 결정하는 데 중요한 역할을 한다.

브랜드 연상에는 제품의 컬러나 로고뿐 아니라 입소문을 통한 브랜드 평판, 제품의 가격과 질, 제품의 유통경로, 소비자와의 커뮤니케이션 등이 모두 포함된다. 아동 노동을 저임금으로 착취하면서 제품을 생산하고 있다는 사실이 알려지면 부도덕한 이미지로 연상되고, 직원들이 소비자의 알뜰한 행동을 비난하고 있었다는 사실이 밝혀지면 신뢰할 수 없는 브랜드 이미지로 이어질 수 있다. 반대로 소비자가 긍정적인 브랜드 연상을 하게 되면 기존 시장에서도 경쟁우위를 선점할 수 있다. 소수의 소비자를 위해 이익이 남지 않아도 제품을 생산한 경우나 사회적으로 공헌한 일이 나중에 알려지면서 이미지가 좋아지는 경우는 기업의 이익 증가는 물론 브랜드 자산 증가와도 연계될 수 있다.

결국엔 살아남는 브랜드 마케팅의 힘

대한항공과 아시아나

대한항공은 국내 최초의 항공사로 오랜 역사와 전통이라는 브랜드 자산을 가지고 있다. 이는 신뢰감, 안전함 등의 긍정적인 2차 연상을 갖게 해 독보적인 시장 지위를 누릴 수 있게 하였다. 후발 주자인 아시아나는 경쟁사인 대한항공을 이기기 위해 긍정적인 2차 연상 대신 부정적인 2차 연상을 갖게 할 수 있다. 즉, 오랜 전통이라는 긍정적인 이미지에 구형 비행기 운영이라는 부정적인 연상을 결합시키는 것이었다. 실제로 '비행기의 나이를 생각해 본 적이 있으십니까?'라는 광고 메세지를 사용해 국내 항공업계에 성공적으로 진입할 수 있었다.

• 사진 출처: www.koreanair.com, flyasiana.com/C/

자동차 브랜드 벤츠(Benz)는 '믿을 수 있는 최고급 자동차'라는 1차 핵심연상을 가지고 있었다. 후발주자라고 할 수 있는 BMW는 최고급 세단이라는 콘셉트를 '재산을 물려받은 부자가 타는 최고급 자동차'와 '자수성가한 부자가 타는 최고급 자동차'로 구분하였고, 벤츠를 전자로 BMW를 후자로 소구하였다. 브랜드 포지셔닝을 성공적으로 구축해 좋은 이미지를 얻을 수 있었고, 시장에서 꾸준히 점유율을 높여갈 수 있었다. 벤츠와 BMW는 모두 '믿을만한 최고급 자동차'라는 핵심연상을 공유하고 있지만 BMW가 더 긍정적 이미지를 가질 수 있는 브랜드 2차 연상에 성공해 의미 있는 시장을 선점했다고 할 수 있다.

• 사진 출처: www.bmw.co.kr, www.mercedes-benz.co.kr

MEMO

19

연주의
부산 출장

- 프리미엄 브랜드

**Brand Marketing &
Brand Storytelling**

연주의 부산 출장

본격적으로 <슈당>의 브랜드 론칭을 앞두고 연주는 슈당 TFT에 들어가 메뉴 개발 업무에 투입되었다. 물론 브랜드 전체 총괄은 연차가 꽤 있는 팀장이 담당하게 되었고, 연주는 서포트 팀원으로 함께 일하게 된 것이다. 디저트 브랜드라는 콘셉트가 명확했기 때문에 디자인 회사에 디자인을 맡기고 팀장과 연주는 부산으로 출장을 가게 되었다. <슈당>의 메뉴를 총괄하는 페스트리셰프 윤 이사가 부산에 있었기 때문이다. 처음 가는 출장이었기 때문에 두근두근 하는 마음으로 오랜만에 가는 부산의 맛집과 명소를 둘러볼 생각에 기대하고 있었으나 KTX를 함께 탄 팀장의 첫 마디가 일정표를 보기도 전부터 연주의 꿈을 와르르 무너뜨렸다.

"이번 일정 진짜 빡세다. 무슨 시간 단위로 일정이 있네. 연주야, 우리 디저트만 먹다가 올 지도 몰라."

약 2시간만에 부산역에 도착한 팀장과 연주는 부산 지사에서 차를 갖고 마중나온 담당자와 만났다. JP기획은 부산에도 작은 지사를 갖고 있었는데, 인원이 많지 않아 직접 이번 프로젝트를 진행할 수는 없어서 본사 인력이 내려간 것이었다. 연주 일행이 가장 먼저 간 곳은 바로 부산에서 가장 유명한 디저트 카페였다. 서면에 있는 이 카페는 프랑스에서 공부하고 온 파티셰가 있었는데, 인기 있는 디저트는 오후 12시가 되기 전에 다 나간다고 했다. 예약까지 해서 먹어본 에클레어는 입에서 부드럽게 녹으며 입안에 깔끔한 단맛만을 남겼다. 디저트는 조각케이크나 마카롱 정도만 먹어봤던 연주에게는 신세계였다. 인근에 있는 또다른 인기 디저트 카페를 한 군데 더 들렀다 간 곳은 바로 윤 이사가 총괄하고 있는 한국호텔 베이커리 전문점이었다. 윤 이사는 30년 경력의 파티셰이자 메뉴 컨설팅을 해 온 이 분야의 대가로, '슈당'의 아이덴티티와 콘셉트를 잡아주고 있었다. 가격만큼이나 디자인도 굉장한 디저트들이 가득했는데, 연주는 메뉴들을 보면서 오늘 디저트는 그만 먹어야겠다는 아까의 생각을 버리고 있는 자신을 깨닫고 있었다.

이번 슈당 프로젝트는 한국호텔 베이커리와 제휴해서 하고 있는데, 테스트로 나온 메뉴들은 예쁘고 맛있는 것은 물론 각 파트와 네이밍에 정성을 들인 흔적이 가득했다. "<슈당>의 콘셉트는 '휴식을 줄 수 있는 달콤한 맛'으로 잡았습니다. 그래서 아메리카노 외에 우유나 시럽이 들어간 메뉴와 마셔도 부담스럽지 않을 정도의 편안한 단맛을 낼 수 있도록 했습니다." 연주는 다른 직원들과 함께 열심히 디저트 사진을 찍고 간단한 감상을 적으면서 디저트에 대해 자신이 얼마나 모르고 있는지 반성했다. 디저트 브랜드를 만든다는 것은 듣기 좋은 네이밍을 짓는 것뿐만 아니라 그 안의 콘셉트를 잡는 것까지 포함한다는 것을 깨달았기 때문이다.

윤 이사의 디저트에 대한 설명을 들으면서 연주는 녹음도 하고 메모도 하며 정신없는 시간을 보냈다. 디저트의 이름도 하나하나 만들어야 했기 때문에 어느 하나도 허투루 들을 수가 없었기 때문이다. 그렇게 정신없는 3시간짜리 미팅이 끝나고 벌써 부산에 온 지도 한나절이 지났지만 디저트 외에는 아직 아무것도 먹지 못했다. 팀장은 디저트만 이렇게 먹다 보면 며칠 만에 몇 kg이 늘겠다는 불평을 늘어놓고 있었지만 연주는 마냥 즐겁기만 했다. 이런 세상이 있을 것이라고 생각하지 못했기 때문이다.

미팅이 끝난 뒤에는 JP기획의 부산지사장과 함께 저녁 미팅이 있었다. 일정이 빠듯했기 때문에 함께 저녁을 먹으면서 그랜드 하버 프로젝트를 의논하는 자리였다. 술도 함께하는 자리였지만 회식과는 또다른 자리였기 때문에 연주는 바짝 긴장을 하고 중요한 내용들이 나오면 메모를 하면서 보고서에 쓸 내용을 계속 고민했다. 자리가 길어지면서 호텔 카페로 옮겨 못다한 이야기를 나누었고, 10시가 넘어서야 겨우 체크인을 할수 있었다. 연주는 씻은 뒤에 보고서 초안이라도 작성하려고 하였으나 어느새 눈이 감겼고 자기도 모르게 잠이 들고 말았다.

브랜드 피라미드

브랜드의 종류는 크게 럭셔리 브랜드, 프리미엄 브랜드, 미들 브랜드, 매스 브랜드 등 총 4개로 나누어진다. 여기에서 럭셔리 브랜드는 다시 슈퍼 럭셔리, 럭셔리, 어포더블 럭셔리로, 프리미엄 브랜드는 슈퍼 프리미엄, 프리미엄, 업마켓, 미들 브랜드는 어퍼미들마켓, 매스미들마켓, 매스 브랜드는 매스 브랜드, 칩 브랜드 등으로 나누어진다. 최고급 제품을 만들고 아무리 브랜드 마케팅을 잘 해도 럭셔리 브랜드를 만드는 것은 불가능하지만, 프리미엄 브랜드 이하는 가능성이 있으므로 브랜드를 론칭할 때나 홍보할 때 목표를 명확히 잡는 것이 중요하다.

| 럭셔리 브랜드

럭셔리 브랜드는 다른 브랜드와 비교되지 않는 절대화되고 차별화된 브랜드라고 할수 있다. 샤넬이나 에르메스 제품을 사는 사람들은 가격 차이나 실용성 때문에 구매하는 것이라 아니라 샤넬이기 때문에, 에르메스이기 때문에 사는 것이다. 그래서 럭셔리 브랜드는 다른 브랜드와 마케팅 방법에도 차이가 있으며, 독보적인 브랜드 역사와 스토리 등으로 실용적인 것과 관계 없이 갖고 싶은 욕망의 대상이 된다. 또 어떠한 경우에도 대중적인 브랜드가 되지 않도록 하며, 쉽게 가질 수 없는 대상이 될수 있도록 일부러 가격을 올린다는 소문이 있을 정도다. 최근에는 럭셔리 브랜드가 프리미엄 브랜드와 비슷한 의미로 쓰이는 경우도 있지만, 훨씬 적은 구매층을 가진 절대적인 브랜드라고 할 수 있다. 샤넬, 에르메스, 디올, 마세라티 등이 대표적이다.

| 프리미엄 브랜드

프리미엄 브랜드는 다양한 기능과 혜택, 뛰어난 기술과 성능, 차별화된 브랜드 가치와 경험을 가지고 있으며, 누구나 한 번쯤 가지고 싶어하는 대중적인 가능성을 가지고 있다. 스몰 럭셔리, 소확행과도 어울리는 제품이 있으며, 시간과 장소 그리고 상황에 따라 가격이 상대적이다. 또 프리미엄 브랜드가 가격 그 이상의 가치를 준다고 믿어야 발생할 수 있다. 럭셔리 브랜드가 일부 모델을 좀 더 낮은 가격으로 책정하면 프리미엄 브랜드가 되기도 하며, 매스 브랜드가 럭셔리화된 모델을 만들면 프리미엄 브랜드가 되기도 한다. 대표적으로 럭셔리 브랜드 버버리의 '버버리 브릿', 조르지오 아르마니의 '엠포리오 아르마니', 베라왕의 '화이트 바이 베라왕' 등이 럭셔리 브랜드에서 프리미엄 브랜드가 된 대표적인 예다.

·<탐나는 프리미엄 마케팅(최연미 지음)> 참고

| 미들 브랜드(B+ 프리미엄 브랜드)

브랜드 사이에서 가격경쟁이 치열해지면서 기존 상품에 새로운 가치를 입혀 업그레이드한 미들 브랜드, 즉 B+프리미엄 브랜드가 새롭게 등장했다. 미들 브랜드란 평범한 대중적인 제품(B등급)에 가치, 즉 프리미엄을 추가하고 기존 등급보다 높은 미들 등급, B+등급으로 끌어올린다는 전략이다. 그동안 프리미엄 브랜드를 구매하기에는 가격적으로 부담스러웠다면 이제는 가격이 떨어졌기 때문에 좀 더 부담이 덜한 마음으로 구매할 수 있게 된 것이다.

| 매스 브랜드

매스티지 브랜드의 줄임말이며 대중 브랜드라고도 한다. 대중(mass)과 명품(prestige product)이 합쳐진 단어로, 대중화된 명품 브랜드라고 할 수 있다. 가격이 저렴하면서도 만족감을 얻을 수 있는 합리적인 브랜드로, 웰빙·절약과 함께 중산층 소비자들의 브랜드가 되었다. 옷이나 가방부터 식품과 가전까지 다양한 분야에 있으며, 가격이 낮고 대량으로 생산되지만 일정 수준 품질을 유지하기 때문에 구매자들에게 만족을 준다. 가장 중요한 것은 가격과 유통이며, 대표적으로 의류 브랜드 지오다노, 파크랜드, 화장품 브랜드 미샤 등이 있다.

판매기간에 제한을 둔 콜드 브루

끊임없이 트렌드가 바뀌는 외식업계에서 차별화를 시도하는 식품업계에서는 맛이 아닌 '신선함'으로 프리미엄 전략을 실현할 수 있다. 경쟁이 치열한 커피 시장에서 가성비를 앞세운 저가 브랜드가 인기를 끌기도 했으나 여름 신메뉴로 '차갑게 오랫동안 우려내 더 신선하고 맛있는' 콜드 브루(Cold Brew) 커피가 나온 것이다. 까다로운 제조과정만큼 금세 맛이 변하는 단점이 있지만, 신선함을 고객이 체감할 수 있도록 판매 기간에 제한을 두는 파격적인 선택을 했다. 콜드 브루 커피는 기존 커피와 달리 색다른 풍미를 가지고 있으며, 초창기 더치 커피라는 이름을 콜드 브루로 바꾸고 판매 기간에 제한을 두는 파격적인 방법으로 프리미엄 전략에 성공했다. 현재는 일반 커피뿐 아니라 다른 재료들과 콜라보에 성공을 거두어 개인 카페는 물론 대부분의 프랜차이즈 카페에서도 판매하고 있다.

• 사진 출처: www.shutterstock.com

독일 프리미엄 자동차 브랜드

벤츠, BMW, 아우디, 폭스바겐, 포르쉐 등 이름만 들어도 럭셔리한 느낌이 가득한 이들 자동차는 모두 독일 브랜드다. 자동차는 다른 제품보다 프리미엄 브랜드가 되기가 더욱 어렵다. 마케팅 측면에서도 단순히 가격이 높다거나 최첨단의 기능을 갖추고 희소성을 가지고 있다는 이유로는 프리미엄 브랜드라고 말하기 쉽지 않기 때문이다. 자동차는 소비자가 동급 평균 제품보다 최소 2배 이상의 가치를 직접 느낄 수 있어야 프리미엄 브랜드라고 할 수 있다. 벤츠, BMW, 아우디 등 독일 프리미엄 자동차 브랜드들은 품질, 생산성, 디자인 측면에서 공격적이고 혁신적인 전략으로 프리미엄 가치를 형성하고 있다. 외형이나 성능은 물론 옵션이나 내장재까지 최고급 브랜드 제품과 고급스러운 디자인을 사용하면서 전 세계 소비자에게 프리미엄 가치를 형성하고 있다. 이렇게 자신들만의 브랜드 아이덴티티와 캐릭터를 보유하고, 각각 목표하는 고객층에서 브랜드에 대한 강한 신뢰감을 구축하면서 브랜드 로열티를 쌓아가고 있는 것이다.

• 사진 출처: www.audi.co.kr

20

슈당의 메뉴를
소개합니다!

- 프리미엄 브랜드와 소비자 심리

**Brand Marketing &
Brand Storytelling**

슈당의 메뉴를 소개합니다!

출장 이튿날은 조식을 먹은 후, 윤 이사가 만들어주는 다양한 디저트를 계속 확인하면서 네이밍과 콘셉트가 잘 됐는지 1차 확인을 하는 것으로 시작됐다. 연주가 <슈당>의 이름을 정했지만 이후 여러 명의 아이디어가 거치면서 자신만의 아이덴티티를 가진 탄탄한 브랜드가 되어 갔고, '한국인 파티세가 만드는, 맛의 본질에 중점을 둔 디저트'라는 콘셉트가 보다 명확해졌다. 여기에 윤 이사의 제안을 추가해 좀 더 역동적인 이미지를 만들었는데, 그것은 바로 제품의 양보다는 질에 중점을 두기로 한 것이었다.

"디저트 하면 예쁘고 다양한 종류를 추구하지만, 사실 맛있고 예쁜 제품은 흔치 않아요. 시간과 정성이 많이 필요하니까요. 그래서 제가 이번에 맛과 비주얼을 모두 담은 메뉴들을 만들어보았습니다. 편하게 드시고 개선할 점을 마음껏 알려주세요."

<슈당>은 고급스러우면서도 편안한 이미지를 동시에 가져야 했기 때문에 메뉴 역시 개성 있으면서도 먹을 때 부담스럽지 않은 메뉴로 구성이 됐다. 기존의 디저트 중에서 고르고 고른 뒤 좀 더 새로운 느낌을 주느

라 적지 않은 시간이 걸렸지만 최종적으로는 모두가 마음에 들어했다. <슈당>의 디저트는 주문 즉시 현장에서 플레이팅하는 라이브 메뉴, 특별한 맛을 자랑하는 패스트리(쇼트케이크) 그리고 마지막으로 가장 많은 사람들이 찾는 홀 케이크 등 크게 세 가지로 나누어진다. 이렇게 한 번 제품을 만든 뒤에는 3개월이나 6개월에 한 번씩 메뉴를 교체하면서 <슈당>만의 제품과 개성을 동시에 만들어가는 것으로 하였다.

가장 독특한 콘셉트였던 '라이브 메뉴' 구성은 총 다섯 가지로, 블랜커런트의 상큼함과 열대과일 코코넛의 맛을 합친 블랙커런트맛세, 망고 천연의 맛을 그대로 살린 망고맛세, 달콤한 허니 비스켓과 블루베리무스의 완벽한 조합을 갖춘 허니 블루베리, 상큼한 코코넛 다쿠와즈가 들어 있어 독특한 맛을 내는 파리 브레스트, 작고 귀여운 모양의 상큼한 무스 미니 무스 등은 직접 만들어지는 만큼 볼거리로도 추천받았다. "라이브 메뉴인만큼 고객의 반응을 보고 싶어서 몇 주 동안 한시적으로 한국호텔의 손님들에게 서비스를 했어요. 좋은 반응을 얻으면서 매장에서도 메인 메뉴로 만들어주었으면 좋겠다는 의견이 많아서 논의 중입니다."

페스트리는 과정이 까다로운 만큼 잘 만들기가 매우 어렵기 때문에 윤 이사도 레시피에 더욱 신경을 썼다. 상큼한 바나나 크림에 초콜릿을 가미한 슈, 최고급 초콜릿과 식용 금가루로 호주의 시드니 오페라하우스를 떠올리게 하는 오페라, 서양 배의 독특한 맛을 살린 부드러운 페어무스, 풋사과의 상큼함을 그대로 살린 그린애플무스 등 어느 하나 평범한 것이 없어 더욱 놀라웠던 디저트였다. 가장 눈이 부셨던 것은 역시 홀 케이크. 크고 작은 파티에는 빠질 수 없는 홀 케이크는 5종이나 됐는데, 고객들의 다양한 선택을 위한 것이었다. 패스트리와 비슷한 재료로 만든 페어 무스와 그린애플 무스 그리고 다크 초콜릿의 진한 맛을 느낄 수 있는 쇼콜라무스, 오렌지와 초콜릿의 맛이 어우러진 크림 카프리스, 레몬의 맛을 첨가해 독특하게 만든 허리슨 타르트까지 고르기 힘들 정도로 다양한 맛과 아름다운 모양이라서 연주는 '호텔 파티세'의 저력을 느낄 수 있었다.

이러한 메뉴들을 보면서 연주는 글로벌에 대해 다시 생각하게 됐다. 한국인 셰프가 만든 프랑스 디저트를 중국에서 먹는다는 글로벌 콘셉트가 매우 참신하고 개성 있었기 때문이다. 꼭 자신의 나라 음식을 잘 해야 해외에 진출할 수 있는 것이 아니다. 오히려 낯선 지역의 음식을 배우고 공부해야 더욱 개성적이면서 창의적인 음식이 나오지 않을까 하는 생각도 들었다. 이렇게 멋과 맛을 동시에 가진 디저트를 홍보할 수 있다니 광고인으로서 더 열심히 공부해야겠다는 생각도 들었다.

프리미엄과 소비자 심리

21세기 소비의 패러다임은 제품의 성능을 중시하는 기능적 소비를 넘어 브랜드 개성과 상징성을 중시하는 기호적 소비로 변하고 있다. 절대 빈곤이 사라진 OECD 가입국의 중산층 이상 소비자는 자신의 가치를 인정받기 위해 프리미엄 소비를 하는 것이 이제 자연스러울 정도가 됐다. 베블런의 저서 유한계급론에 따르면, 상류층의 두드러진 소비는 자신의 사회적 지위를 과시하기 위해 자각 없이 이루어지는데 이를 '베블런의 유한계급론'이라 한다.

이러한 프리미엄 소비는 사람에 따라 다르게 나타나는데, 크게 퍼펙셔니스트 효과와 부분 사치로 나눌 수 있다. 퍼펙셔니스트 효과는 소비자는 제품을 제품 그 자체로 보는 것이 아니라 하나의 열망과 프라이드의 대상으로 본다는 것이며, 부분 사치란 대부분의 사치 또는 소비는 저가시장에서 이루어지지만 특정 품목의 경우 그 제품군에서 자신의 전문성과 자아를 추구하며 최고의 브랜드를 구매하겠다는 소비자트렌드라고 할 수 있다.

프리미엄 브랜드에서 뛰어난 품질은 필수이며, 높은 품질을 계속 업그레이드하도록 하는 품질 리더십을 개발하고 유지해야 한다. 이는 프리미엄 브랜드가 세계 최상급 품질을 보여주어야 하는 이유로, 소비자는 완벽한 제품을 찾기 때문이다. 브랜드가 가진 완벽에 대한 소비자의 갈망이 프리미엄 브랜드를 낳고 성장하게 하는 것이라고 할 수 있다.

높은 가격=높은 품질

가격은 오래 전부터 품질을 판단할 수 있는 요인 중 가장 구체적이고 측정이 용이한 잣대로 알려져 있다. 제품의 품질을 표시하는 신뢰성 있는 척도라고 할 수 있기 때문에 소비자는 품질에 대한 인식 차이가 없거나 적을 때, 브랜드에 익숙하지 않을 때, 신제품 선택이 망설여질 때 가격을 중요한 결정 요소로 이용한다. 가격이 높을수록 품질도 좋을 것이라고 생각해 구매욕구가 높아지며, 프리미엄 브랜드일 경우 더 크고 강하게 일어난다.

하비 라이벤스테인의 스놉 효과(Snob effect)

특정 제품의 소비가 증가하면 오히려 수요가 줄어드는 현상으로, 소비자는 다수의 소비자가 구매할 수 있는 제품에 호감이 떨어지고 다수의 소비자가 구매할 수 없는 제품, 즉 한정판 등에 더욱 호감을 보이는 현상을 말한다. 개성을 추구하는 사람들은 단지 다른 사람들이 많이 구입한다는 이유만으로 그 제품을 구매하지 않고, 만약 똑같은 옷을 입은 사람을 만나면 그 옷을 더 이상 입지 않기도 한다. 이는 명품 브랜드에서도 흔히 일어나는 현상으로 스놉 효과, 속물 효과라고 하기도 한다. 이는 특정 상품을 소비하는 사람이 많아질수록 그 상품에 대한 수요는 줄어들고 가격이 오르면 오히려 구매하고 싶은 욕구가 높아진다.

소비자 혁신성

특정 소비자의 변화 수용 정도를 의미하는 것으로, 유행이란 새로운 상품, 즉 혁신을 필요로 하고 사람들 사이에 전해지면서 선택하는 확산 메커니즘을 갖게 된다. 이때 혁신적 상품이 수용되기 위해서는 대중을 따라오게끔 하는 유행 선도자, 즉 패션 리더가 있어야 하는데, 일반인들에 비해 유행에 관심이 많고 주위 사람들로 하여금 신상품 구매에 영향을 준다. (최근에는 이러한 사람을 '인플루언서'라고 하기도 한다.) 이러한 유행 선도자는 신제품을 맨 처음 수용하는 유행 혁신자, 타인의 수용과 전파에 영향을 미치는 의견 선도자, 유행을 사회 전반에 수용시키는 혁신 전달자 세 가지로 구분할 수 있다. 혁신성이 높은 소비자일수록 사회참여도가 높고 과감한 소비를 하는 경향이 있으며, 진취적인 혁신 소비자일수록 성취 동기, 과시 성향, 변화 지향 태도가 더 높기 때문에 프리미엄 브랜드의 수용도도 일반인들보다 높은 편이다.

준거 집단

인간은 집단 속에서 타인들과 상호작용하며 자신의 사고와 태도를 형성한다. 소비자 행동 역시 집단 환경 내에서 발생한다고 할 수 있는데, 이를 분명하게 설명하는 것이 준거 집단(Reference Group)이다. 준거 집단은 개인의 행동에 중요한 영향을 미치는 사람 혹은 집단이라고 할 수 있는데, 소비행동에 영향을 미치는 배경, 규범, 가치 등을 제공한다. 소비자들은 보편적으로 집단 내의 다른 사람들의 행동을 모방하는 경향이 있기 때문에 소비자 행동에도 영향을 미치게 된다. 프리미엄 브랜드 역시 준거 집단에 의해 사회적으로 적절한 제품으로 인식되면서 프리미엄 제품에 대한 소비가 꾸준히 증가하게 된다. 즉, 프리미엄 브랜드가 개인적 성향에 의해 선택되는 것이 아니라 자신의 성공이나 능력을 표현하기 위한 수단으로 사용되는 경우가 많다. 준거 집단의 영향은 정보적 영향, 효용적 영향, 가치 표현적 영향 등으로 나뉜다.

결국엔 살아남는 브랜드 마케팅의 힘

| 정보적 영향

정보가 개인에게 중요한 수단으로 인식될 때 발생되며, 소비자가 프리미엄 브랜드에 대한 정보를 찾을 때 특정 프리미엄 브랜드를 이미 구매하여 사용해 본 준거 집단에서 나온 정보에 강한 확신을 가질 수 있게 된다.

| 효용적 영향

개인의 행동이 집단 규범이나 기대에 따르도록 집단에 의해 발휘되는 영향으로, 준거 집단은 집단 내 구성원들에게 유사한 행위를 하도록 압력을 가해 구성원들이 집단 규범에 순응하게 한다. 패션, 인테리어 제품 등은 가시적이기 때문에 준거 집단의 효용적 영향이 매우 크다고 할 수 있다.

| 가치 표현적 영향

소비자가 자신의 가치관과 태도, 행동 등을 집단 구성원들과 계속 비교하면서 자신을 긍정적 집단과 동일시시키고 부정적 집단과는 차별화시키려는 경향을 말한다. 준거 집단은 개인이 자신의 가치관, 태도, 행동을 평가하기 위한 기준을 제공하며, 준거 집단의 반응에 민감하게 반응할수록 프리미엄 브랜드를 선호한다.

• 사진 출처: unsplash.com

스타벅스 더양평점DTR

국내 최대 스타벅스로 화제가 되었던 스타벅스 더양평DTR(Drive Through Reserve)점이 2020년 7월 24일 오픈했다. 스타벅스 코리아 창립 21주년을 기념하는 플래그십 스토어로 남한강을 바라볼 수 있는 뷰에 2층에는 리저브&티바나 바가 함께 운영 중이다. 또 드라이브 스루가 결합돼 있으며, 매장 전체 크기는 1,203㎡(약 364평)으로 총 3개 층에 261석의 좌석이 준비돼 있다. 1층은 드라이브 스루 이용 고객을 위해, 3층은 루프탑으로 만들어 다양한 분위기를 자랑하고 있다. 규모뿐만 아니라 메뉴 구성도 다양하다. 20여 종의 베이커리 및 디저트를 판매하는데, 그중 AOP 버터 크루아상, 허니 치즈 월넛 브랜드는 생지(반죽)를 신세계푸드에서 직접 공급받아 구워 판매하고 있다. 고급화 매장을 추구하고 있기 때문에 베이커리 가격도 상당하지만 매장에서 직접 빵을 구워서 신선함을 자랑한다. 스타벅스 더양평점DTR은 서울에서 거리도 멀고 상대적으로 베이커리 가격도 비싸지만 마니아들은 높은 브랜드 로열티를 가지고 있어 이러한 단점을 마다하지 않고 방문하고 있다.

• 사진 출처: www.starbucks.co.kr

프리미엄 브랜드가 되기 위하여

- 프리미엄 브랜드의 소비가치 5

**Brand Marketing &
Brand Storytelling**

프리미엄 브랜드가 되기 위하여

메뉴에 대한 최종적인 평가를 마친 뒤 KTX 막차를 타고 부산에서 서울로 올라온 연주는 집에 오자마자 뻗고 말았다. 마음 같아서는 보고서를 쓰고 싶었으나 도저히 체력이 받쳐주지 않았기 때문에 그동안 느낀 감상만 노트북에 저장해 두고 잠이 들었다. 다음 날까지 써야 할 보고서와 이어지는 회의가 걱정이 되기는 했지만 집중하지 않은 채 보고서를 쓰면 오히려 안 하느니만 못한 결과가 생길 염려 때문이었다.

다음 날 6시에 벌떡 일어난 연주는 책상에 앉아 출장이 주는 피로의 여운을 없애기 위해 진한 아메리카노 한 잔을 마시면서 기획안을 작성하기 시작했다. 부산에서 메모한 내용들을 모두 모으고 사진을 보면서 기억을 되살리는 것은 마치 여행의 마무리를 하는 것 같은 행복한 기억이었다. 바로 어제와 그제의 일이었지만, 워낙 경험한 것이 많아서 하고 싶은 말도 그만큼 많았다. 출장이었기 때문에 예쁘고 고급스러운 카페를 온전히 즐길 수는 없었지만, 커피와 디저트라는 것이 어떤 즐거움과 행복을 주는지 알게 된 것도 색다른 소득이었다.

보고서 초안을 작성하느라 부랴부랴 출근한 연주는 다음날 있을 슈당

회의 준비에 정신이 하나도 없었다. 출장 보고서를 작성해야 하는 데다가 그랜드 하버 그룹의 슈당 인테리어 최종 시안과도 연관시켜서 보고서를 별도로 작성해야 했기 때문이다. 큰 프로젝트인만큼 연주만 보고서를 쓰는 것은 아니었지만, 다양한 아이디어를 보고 싶어하는 홍콩의 에이전트 때문에 연주네 팀 구성원 모두는 각자 보고서를 마무리하느라 정신 없는 분위기였다.

슈당의 인테리어 최종 시안은 그동안 여러 차례 회의를 했던 것처럼 고급스런 화이트를 메인 컬러로 하고 있었다. 간판도 최대한 심플하게 가기 위해 매우 단순화했는데, 이름처럼 편안하게 쉬러 온 곳을 너무 번거롭거나 화려하게 만들면 그것만으로 부담스러울 수 있기 때문이었다. 심플한 인테리어와 화려한 디저트가 매우 잘 어울렸고, 이는 휴식한다는 뜻의 '슈'의 인테리어, 달다는 뜻의 '당'의 디저트와도 잘 어우러져 브랜드 이미지를 더욱 확실하게 하는 효과가 있었다.

드디어 시작된 엔딩 회의에서 슈당의 메뉴와 인테리어 최종 시안이 무사히 잘 끝나려던 찰나, 갑자기 홍콩 에이전트 측에서 새로운 제안을 냈다. 원래는 슈당의 브랜드를 홍콩에서 시작해 중국 전역에서 프랜차이즈 브랜드화하려던 계획이었는데, 홍콩과 동시에 우리나라에서도 브랜드를 론칭하고 싶다는 것이었다. 글로벌 시대에 여러 나라에서 각각 매장을 론칭하면 뉴스거리가 될 수 있을 뿐만 아니라 한류가 대중화된 요즘, 홍콩에서도 더 큰 반향을 일으킬 수 있으리라는 것이 그랜드 하버 측의 의견이었다. 말은 간단해도 한국 론칭은 엄청난 일이었다. 갑작스런 제안에 JP기획 측은 적극적으로 검토해 보겠다고 말하고 컨퍼런스 콜을 마무리했다. '슈당'이라는 이름뿐만 아니라 인테리어 디자인도 디저트만큼이나 매우 예쁘고 괜찮았기 때문이다. 우리나라에서도 볼 수 있었으면 좋겠다고 KTX 안에서 이야기를 나누기도 했지만, 이렇게 빨리 일이 진행될 것이라고는 생각하지 못했던 것이다. 한국 론칭이라는 말을 들었을 때는 놀랐지만 자리로 돌아와 생각해 보니 새로운 기회일 수도 있겠다는 생각과 국내 홍보도 함께 도전해 보면 어떨까 하는 의욕이 솟아올랐다. 자신이 직접 브랜드 네이밍을 한 카페가 내 주변에 생긴다고 생각해 보니 참 신기하면서도 스스로에게도 매우 고무되는 일이었다. 연주는 윤 이사한테 살짝 비법을 배워온 라떼 한 잔을 달달하게 타서 마시며, 어쩌면 나중에 이 회사의 임원이 될 수 있겠다는 기시감을 느끼며 프로젝트를 마무리하겠다고 다짐했다.

프리미엄 브랜드의 소비 가치 5

프리미엄 브랜드와 대중적인 브랜드의 본질적인 차이는 고객이 지닌 소망과 꿈의 열망의 크기에 있다. 프리미엄 브랜드가 가치 있는 소망과 꿈을 판매할 때, 대중적인 브랜드는 생활에 필요한 제품을 파는 것이라고 할 수 있다.

1 자기 과시적 가치

프리미엄 브랜드를 구매 및 소비하는 것 자체가 부와 사회적 지위의 상징이 될 수 있다. 듀비오스와 뒤케인(Dubios and Duquesne)은 '명품을 구매하는 소비자는 높은 가격의 상품을 구매할 수 있다는 우월감을 가지고 있으며, 프리미엄 브랜드의 소비를 통해 더 높은 가격도 지불할 수 있음을 과시한다'고 말했다. 실제로 프리미엄 브랜드를 구매하는 소비자는 제품의 기능, 사양, 실용성, 가격보다는 상품 자체를 소유하고 있다는 상징적 의미에 매우 민감하게 반응한다.

2 독특한 가치

누구나 프리미엄 브랜드를 구매하거나 소비할 수 있다면 그 상품은 더 이상 프리미엄 브랜드가 아니다. 듀비오스와 패터놀트(Dubios and Pater-nault)는 명품의 희소성 원칙을 통해 많은 사람들이 특정 브랜드를 소유하게 되면 오히려 그 브랜드의 명성과 가치가 약해진다고 말하고 있다. 프리미엄 브랜드는 대중들이 쉽게 소유하지 못하는 특별한 희소성을 제공함으로써 오히려 소비자의 구매를 자극한다.

3 사회적 가치

사회적 가치란 어떤 상품을 구매 및 소비하는 행위가 상품의 가치 이상으로 의미가 있다는 데 사회 구성원이 합의하고 있다는 뜻이다. 소비자는 자신이 속해 있는 사회 구성원들이 선호하는 제품에 대해 관심을 기울이게 되며, 자신의 사회적 지위를 프리미엄 브랜드를 통해 표현하고 싶어한다.

4 감성 가치

프리미엄 브랜드는 소비자의 정서적인 요구를 충족시키는 경우가 많은데, 만족감과 자신감을 주기 때문이다. 이는 심미적인 가치라고 할 수 있으며, 개인적인 취향이기 때문에 모든 사람이 만족할 수는 없지만, 마니아 층과 이들이 형성한 로열티 높은 소비 커뮤니티를 가지고 있는 경우가 많다.

5 품질 가치

프리미엄 브랜드는 부분 또는 전체적으로 기술적인 우월성을 가진 공정이나 섬세한 생산 과정을 거친다. 그러나 이러한 기술적 우위는 '기능'보다는 '소유'를 더 중시하기 때문이다. 가방이나 옷은 물론 고가의 명품 티 세트나 그릇 세트를 구매하는 소비자들은 상품이 가지고 있는 고급스러운 이미지와 품질 외에도 소장가치를 더 중시하는 경우가 많다.

프리미엄 서비스의 원칙 4

1 | 강하게 끝내라

서비스를 제공할 때 가장 고객의 기억에 남는 것은 끝이기 때문에 마무리가 더 중요하다. 레스토랑, 호텔, 비행기 등에서 마지막 서비스를 더 충실하게 그리고 가장 신경써서 해야 하는 이유이기도 하다.

2 | 나쁜 경험은 빨리 없애라

서비스 기업은 고객에게 불유쾌한 경험은 최대한 없어야 하지만 어쩔 수 없는 경우에는 가장 앞에 하는 것이 최선이다. 그렇게 해야 고객이 서비스를 평가했을 때 불유쾌한 상황이 끝까지 영향을 미치지 않을 수 있다.

3 | 유쾌한 경험은 잘게 나누고 고통스러운 경험은 합쳐라

경험은 단편으로 나누어질수록 더 오래 기억하게 된다. 카지노에서 한번에 10달러를 땄을 때보다 5달러씩 두 번을 땄을 때 만족도가 더 높다. 고통스러운 경험을 하게 되는 의료 서비스도 의사의 진료를 받을 때까지 여러 단계를 거치는 것보다 한 대기실에서 오래 기다리게 하는 편이 기억에 덜 남는다.

4 | 선택을 통한 약속 시스템을 구축하라

고객은 서비스 과정에 대한 통제권을 갖고 있을 때 더 행복하고 편안한 느낌을 가진다. 불유쾌한 서비스일수록 고객 선택권이 더욱 중요하다.

| 프리미엄
서비스 사례 | **디즈니랜드의 짧은 놀이기구 탑승** |

미국 LA, 중국 상하이, 일본 도쿄 등에 위치한 디즈니랜드는 유쾌한 경험은 잘게 나누는 프리미엄 서비스를 하고 있다. 놀이기구를 타기 위해서는 긴 줄을 서야 하지만, 탑승시간은 매우 짧다. 이는 사람들이 짧지만 다양한 경험을 할 수 있도록 해 디즈니랜드에서의 하루를 길고 풍부한 기억을 갖게 한다.

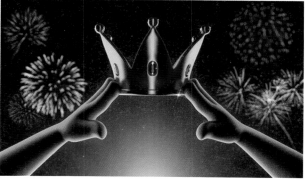

• 사진 출처: www.shutterstock.com

프리미엄 서비스 사례	**헌혈자의 헌혈할 팔 선택**

헌혈을 하는 것은 여러모로 불편한 일이기 때문에 본인이 인지하는 것 이상으로 스트레스를 많이 받는다. 이때 헌혈자들은 헌혈을 하려는 팔을 스스로 선택할 수 있을 때 스트레스를 덜 느낀다는 조사가 있다. 작은 스트레스지만 고통 혹은 스트레스를 주는 환경을 선택할 수 있을 때 더 좋은 서비스를 받는다고 느끼는 것이다.

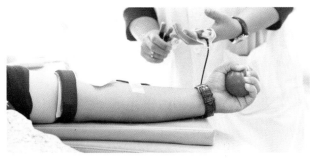

• 사진 출처: www.shutterstock.com

프리미엄 서비스 사례	**서비스 일정으로 만족도를 높인 AS**

미국의 한 사무기기 회사가 AS가 미흡하다는 고객들의 불평이 계속 들어오는 것을 알게 되었다. 이를 효율적으로 해결하기 위해 먼저 다른 것은 그대로 두고 고객에게 서비스 일정을 선택할 수 있도록 했다. 이 시스템은 고객에게 문제의 심각성을 결정하도록 하는 것이었기 때문에 매우 효율적이었다. 빠른 서비스를 필요로 할 때는 바로 서비스를 제공하면서 이전보다 더 높은 만족도를 얻을 수 있었다.

MEMO

22

조세현 교수의
한류 이야기

- 브랜드 레버리지

**Brand Marketing &
Brand Storytelling**

조세현 교수의 한류 이야기

브랜드 슈당의 론칭과 관련된 업무들이 대략 끝났다. 오픈을 한 후에도 해야 할 일이 많겠지만, 현지 홍보는 홍콩 현지에서 하기로 했고 국내 홍보는 미정이었기 때문에 연주가 할일은 이제 많지 않은 편이었다. 인테리어 공사도 메뉴 선정도 모두 끝나자 연주는 매우 여유로운 기분을 느꼈다. 물론 다른 업무들도 많았고 우리나라의 프랜차이즈와 관련된 것도 많았지만, 큰 틀이 정해지자 상대적으로 일정과 마음가짐에 여유로움을 느꼈기 때문이다.

이번 일을 통해 배운 것도 많은 연주는 자신이 인간적으로도, 업무적으로도 한층 성장했다고 느끼게 되었다. 그래서 오랜만에 조세현 교수에게 연락을 해 퇴근 후 연구실을 찾았다. 학생들한테 늘 인기가 많았던 터라 연주가 도착하자 대학원생 몇 명이 이야기를 나누다가 나갔고 연주는 문득 대학원에 진학해 보면 어떨까 하는 생각이 잠시 들었다. 직원들의 교육에 대해서 매우 적극적인 JP기획은 대학원 등록금을 100% 지원해 주고 있었고, 실제로 회사를 다니면서 석사 학위는 물론 박사 학위에 도전하는 선배들도 있었기 때문이다.

"오랜만이구나, 연주야. 한동안 바쁘다고 하더니 바쁜 일은 잘 끝났니? 중국 프로젝트가 있다고 했던 거 같은데."

"네, 교수님. 제가 이번에 그랜드 하버 그룹이 홍콩 백화점에 론칭하는 카페 브랜드를 하나 담당하게 됐거든요. 물론 팀장님이 거의 대부분의 업무는 하셨지만 스텝으로서 일하면서 업무에 보고서에 출장에 정말 바빴어요."

"그래, 나도 대충 들었다. 이번 프로젝트는 정말 큰 건이기도 하고, 이번 일이 끝나면 홍콩지사에 담당자를 한두 명 파견할 예정이라고 하던데. 이야기 들었니?"

"네! 신입사원들도 능력이 된다면 보내줄 수 있다고 해서 모두 기대하고 있어요. 저도 가고 싶긴 한데 한국에서 일을 더 배우고 싶기도 하고… . 물론 제가 가고 싶다고 갈 수 있는 것은 아니지만요."

연주는 조세현 교수와 함께 이런저런 이야기를 나누면서 슈당에 대한 이야기를 나누었다. 자신이 지은 이름이고 여러 단계를 거쳐 인정을 받았지만, 대학 시절 누구보다 존경했던 조세현 교수에게 인정받고 싶다는 마음이 있었기 때문이다. 게다가 조세현 교수는 중국통이라고 해도 될 정도로 중국 시장에 대해 해박한 지식을 가지고 있었기 때문에 네이밍에 대해 고민하면서 조언을 받고 싶다는 생각도 여러 차례 했던 터였다. 그러나 교수님의 조언을 듣거나 혹시라도 아이디어를 얻는다면 온전히 연주의 실력이 아닐 것이라는 생각이 들어 그 마음을 꾹 누를 수 있었다. 이 이야기까지 모두 하면서 힘들었던 일을 하소연하자 교수님은 좋은 네이밍이라며 칭찬해 주셨고, 연주는 그동안 힘들었던 것을 모두 보상받는 기분이 들어 자신도 모르게 마음 한쪽이 시큰함을 느꼈다.

그랜드 하버 프로젝트에 대한 이야기를 나누던 중 교수님은 한류에 대한 이야기를 해 주셨다. 이번 프로젝트도 한류가 큰 영향을 미친 것이기 때문이라며, 중국에서는 한국 외식 브랜드나 한글로 이름만 붙인 식당도 꽤 인기가 높다는 것이었다. 게다가 예상하지 못한 부분도 있었다. 사람들은 잘 모르지만 중국에서 한류는 1990년대부터 조금씩 시작됐으며, 2016년에 시작된 한한령에도 불구하고 지금도 꾸준히 지속되고 있다는 것이었다. 그리고 모두가 알게 될 정도로 본격적으로 한류가 시작된 첫 번째 한류는 아이돌, 두 번째 한류는 영화와 드라마 등의 문화 그리고 세 번째는 한국음식이라며 홍콩에 진출하는 한국식 푸드코트는 한류의 확대에 있어 교두보가 될 것이라는 말이었다. 이 말을 들으면서 연주의 눈은 더 반짝이기 시작했다. 연주는 그동안 다양한 마케팅 지식을 배우면서 이해하고 분석하는 과정을 겪어 풍부한 데이터를 가지고 있었지만, 이를 세상의 흐름에 적용하는 것은 아직 한참 부족했기 때문이다. 아무리 아이디어가 좋고 마케팅 지식이 많아도 이것을 트렌드에 적용하지 못한다면 시대에 뒤처지거나 시대를 앞서가며 결국 성공할 수 없다. 연주는 흥미진진한 교수님의 한류 마케팅의 발전에 대해 들으면서 연구실을 들어오며 생각했던 대학원 진학에 대해 다시 신중하게 고민해봐야겠다는 생각이 들었다.

브랜드 레버리지(Leverage)

레버리지(Leverage)의 사전적 의미는 기업 등이 차입금 등 다른 사람의 자본을 지렛대처럼 이용해 자기 자본의 이익률을 높인다는 뜻으로, 브랜드 레버리지란 기존의 브랜드를 지렛대처럼 이용해 브랜드의 확대가 브랜드의 가치에 어떠한 영향을 미칠 수 있는지를 알아보는 것을 의미한다. 즉, 기존의 브랜드가 가진 영역에서 새로운 영역으로 확대해 브랜드의 가치를 증대시키는 것이다.

브랜드 레버리지를 가장 잘 설명할 수 있는 예가 디즈니(Disney)다. 과거의 디즈니는 주로 어린이들을 대상으로 한 애니메이션 등 오락사업에 집중했지만, 최근에는 최근 그 분야를 크게 확대하고 있다. 영화, TV, 소프트웨어, 테마파크, 호텔 등은 물론 최근에는 OTT서비스까지 확대한 것이다. 이는 디즈니라는 브랜드가 과거 '어린이의 즐거움'에서 '모두의 즐거움'을 제공하게 된 것이다. Disney라는 브랜드가 모든 사람, 모든 제품들에서 '나이와 무관하게 삶의 즐거움을 제공'해 주는 의미로 다가오게 하고 있다.

왜 브랜드 레버리지를 하는 것인가

브랜드 파워가 상당하다고 해도 브랜드 레버지를 이끌어내는 것은 쉬운 일이 아니며 브랜드의 역량과 관계 없이 그 속도는 다르다. 넥타이에서 남성용 의류로 브랜드를 확대한 랄프 로렌(Ralph Lauren), 인터넷 서점에서 음악과 비디오, 이제는 다양한 전 세계 제품을 살 수 있는 아마존(Amazon)은 비교적 브랜드 레버리지를 빠르게 진행하였다. 반면 GE가 전구에서 가전으로 브랜드를 확대하는 데는 약 40년이 걸렸으며, 질레트(Gillette)가 면도기에서 면도용 크림으로 브랜드를 확대하는데 25년이 걸리기도 했다. 또 아이보리 솝(Ivory Soap)은 기존의 비누 제품에서 샴푸, 파우더로 제품을 확대하면서 브랜드 레버리지 전략을 사용하였는데, 이는 기존제품과 관련성이 있는 부분으로 확대하면서 속도를 빠르게 하려는 전략이다. 그러나 버진(Virgin) 그룹은 이와 반대로 본연의 소매 사업과 무관한 항공사업, 금융사업, 그리고 음료수에까지 브랜드 레버리지를 전개하면서 성공을 거두기도 했다.

이처럼 성공적인 브랜드 레버리지는 브랜드에 따라 다르기 때문에 언제, 어떻게, 어떠한 방식으로 진행해야 하는지에 대한 답을 내기는 쉽지 않다. 만약 브랜드 레버리지를 목표로 한다면 해당 브랜드에 적합한 전략이 어떤 것인지 가능한 한 많은 사례를 연구하고 분석하면서 고민해야 만족스러운 결과를 얻을 수 있을 것이다.

브랜드 레버리지와 인지 부조화

소비자는 오랜 기간에 걸쳐 특정 브랜드에 대해 일정한 태도와 믿음을 형성하게 되며, 브랜드에 대한 연상이 긍정적인지 부정적인지에 따라 브랜드에 대한 가치와 태도가 바뀌기도 한다. 이는 소비자 심리를 변경시키기도 하는데, 소비자 심리상 인지가 일치하기 때문이다. 그런데 여기서 브랜드 레버리지는 특별한 역할을 한다. 어떤 브랜드에 대해 부정적인 이미지를 갖고 있는데, 브랜드 레버리지를 통해 접한 브랜드가 긍정적인 이미지와 연결된다면 소비자는 인지 부조화를 경험하게 된다. 결국 긍정적인 레버리지 요소를 통해 브랜드에 대한 기존 소비자의 태도를 변화시킬 수 있다는 것이다.

브랜드 레버리지와 의미전이이론

의미전이이론은 맥크라켄이 제안한 것으로, 촉진수단에 등장한 유명인은 다양한 대상과 사람, 상황과의 연상 작용을 통해 강력한 의미를 갖게 되며, 이러한 상징적 속성들은 유명인 모델에서 제품으로, 제품에서 소비자에게 전이된다는 이론이다. 이에 따르면 제품에는 문화적 요소가 가미되어 있고, 브랜딩은 제품에 문화적 의미를 담기 위한 과정이라는 것이다. 마케터는 브랜드의 문화적 의미를 전달하기 위해 브랜드 레버리지를 이용하고, 소비자와 커뮤니케이션을 하면서 제품에 담겨있는 문화와 브랜드에 관련된 연상을 소비자와 공유할 수 있다.

브랜드와 관련된 연상은 촉진 수단을 통해 다양하게 개발될 수 있다. 세계 골프 황제 타이거 우즈 선수나 한국 최고 골퍼 탱크 최경주 선수를 생각하면 절로 나이키가 떠오른다. 나이키가 브랜드에 담고자 하는 이미지는 승리의 여신 니케로 표현할 수 있으며, 각 스포츠 분야에서 '최고' 또는 '황제'라고 인정받는 선수들로 이미지를 브랜드에 전이시켜 소비자 역시 나이키가 원하는 인상을 형성하게 된다.

브랜드 레버리지와 조화가설

조화가설은 브랜드와 광고모델 사이가 유사할수록 브랜드 태도, 구매 의도, 광고 상기도 등이 높게 나타난다는 이론이다. 즉, 모델이 가지고 있는 이미지와 제품이 전달하고자 하는 특성이 유사할수록 레버리지 효과, 즉 광고효과가 높게 나타난다는 것이다. 조화가설을 설명하기 위해서는 스키마에 대해 알아야 한다. 스키마는 어떤 자극 영역에 관련된 속성과 속성 간의 상호관계로 특정 대상에 대해 잘 조직화돼 구성된 기억 속의 지식 구조, 즉, 어떤 것에 대한 기억의 집합체라고 할 수 있다. 소비자는 다양한 매체를 통해 특정 브랜드에 대한 정보를 그물망처럼 서로 연결해 스키마에 저장하고, 이와 유사한 외부자극은 쉽게, 그렇지 않은 외부자극은 무시된다는 것이다. 그래서 많은 브랜드들이 인기 있는 연예인과 운동선수를 높은 몸값에도 불구하고 광고모델로 쓰면서 브랜드의 인지도와 판매량을 높이는 것이다.

한류(Korean Wave)와 발전

아이돌 그룹 방탄소년단(BTS)과 블랙핑크 등의 인기에 힘입어 한류의 위상은 점점 더 높아지고 있다. 2020년 9월에는 빌보트 차트까지 기록적으로 석권하면서 많은 이들이 오랫동안 꿈꾸던 세계 진출의 꿈도 완벽하게 이루었다고 할 수 있다. 2017년 한류 팬(전 세계 한류 동호회 회원 기준)이 6천만 명으로 우리나라 인구보다 많을 정도였는데, 2020년 1월 기준 현재 한류 팬은 1억 명에 가까울 정도로 성장했다. 예전에는 일본과 중국 정도에 그쳤다면 지금은 전 세계에 포진해 있다는 게 가장 큰 특징이다. 한류 팬 중 아시아 대양주는 7천만 명, 유럽이 천만 명, 아프리카 중동이 32만 명, 아메리카가 천만 명 등이다. 한류 팬은 그저 우리나라의 K-POP이나 드라마 등을 소비하는 것뿐만 아니라 그 나라의 사회와 문화를 선도하는 젊은이가 대부분이기 때문에 앞으로의 영향력은 더욱 커질 것으로 예상된다.

| 첫 번째 한류, K-POP

전 세계에 뻗어나가고 있는 본격적인 한류의 시작이자 첫 번째는 바로 아이돌이라고 할 수 있다(배용준 배우나 이병헌 배우 그리고 보아와 동방신기 등이 일본에서 엄청난 인기를 끌기는 했지만, 일본에 국한된 것이었기 때문에 한류라고 보기에는 아쉬움이 있다는 것이 보편적인 의견이다). 범아시아와 서양에서 인기를 얻은 K-POP 가수들은 싸이에서 시작해 BTS, 엑소, 블랙핑크, 트와이스 등 다양하다. 우리나라의 아이돌은 오랜 연습생 생활로 인해 실력이 탄탄한 데다가 해외 진출을 염두에 두고 외국인 멤버, 외국어 능력 등까지 함께하기 때문에 다른 나라가 쉽게 따라올 수 있는 능력을 갖춘 경우가 많다. 또 인터넷 강국답게 유튜브 등을 선점해 이슈를 효과적으로 일으키고 있다. 2010년대 우리나라에서는 가수들이 신곡을 내면 유튜브에 먼저 뮤직비디오를 공개하는 것이 일반적이었는데, 그로 인해 원더걸스, 소녀시대, 2PM,

샤이니 등이 공식적으로 데뷔하지 않은 여러 나라에서도 뜻밖의 인기몰이를 하기도 했다. 이로 인해 2019년에 국내 3대 기획사(SM, YG, JYP) 가수들의 동영상은 전 세계 229개 국가에서 약 8억뷰를 기록한 것으로 알려져 있다. 2020년에는 블랙핑크와 방탄소년단이 뮤직비디오를 공개하고 24시간도 안 돼 1억 뷰를 기록할 정도로 그 인기는 점점 더 커지고 있다. 한때는 국내 아이돌에 대해 '팩토리 아이돌'이라는 비판 섞인 평가도 있었으나 가수, 특히 아이돌의 특성상 기본기를 충분히 갖추고 나오는 것은 당연한 일이기 때문에 더 이상 통용되지 않는 단어이기도 하다.

| 두 번째 한류, 드라마

아이돌로 본격화된 한류는 드라마에서는 꾸준히 그 성장세를 높이고 있다. 2003년 우리나라에서 처음 방영됐던 드라마 '대장금'에서 시작된 한류 드라마는 높은 인기를 끌었고, 전 세계 방송사에서 프로그램을 구매해 해당 나라에서도 높은 인기를 얻었다. 특히 중국에서는 별에서 온 그대, 괜찮아 사랑이야, 태양의 후예 등이 높은 인기를 끌면서 드라마에 나온 주인공들이 스타덤에 올라 엄청난 혜택과 수입을 기록하기도 했다. 또 한국인 배우들이 중국으로 진출해 국내보다 더 높은 인기를 얻으면서 활동 영역을 바꾸는 경우도 적지 않았다. 최근에는 텔레비전뿐만 아니라 넷플릭스에서 한국 드라마 상영을 하면서 더 높은 인기를 얻고 있다. 특히 아시아의 경우, 드라마 카테고리의 높은 순위를 다 한국 드라마가 차지하고 있을 정도이며, 대만의 한 스타는 이에 대해 '넷플릭스가 한국을 편애한다'라고까지 말할 정도였다.

드라마뿐만 아니라 예능도 전 세계 시장에 많은 영향을 미치고 있다. 문화적, 언어적 특성상 우리나라의 예능은 그대로 소비되지 않고, 프로그램의 큰 틀을 판매해 해당 국가에서 다시 만드는 경우가 대부분이다. 중국의 경우 합법적인 방식을 이용하지 않아 문제가 되기도 하지만, 대부분의 나라에서는 제대로 계약을 하기 때문에 방송사나 제작사 측에서는 기대 이상의 부가수익을 창출할 수 있다. 이로 인해 제작비나 아이디어에 대한 시도가 더욱 활발해져 선순환을 가져오기도 한다.

| 세 번째 한류, 한국음식

K-POP과 드라마로 만들어놓은 한류 인기는 이제 한국음식도 인기를 얻게 하고 있다. 아이돌의 SNS나 드라마에서 나온 한국 음식들이 외국인들의 호기심을 일으키기 때문이다. '별에서 온 그대'에서 나온 '치맥'을 궁금해하는 중국인들이 많아 국내의 치킨 브랜드가 중국에서 큰 인기를 얻기도 했으며, 외국에서 흔히 먹을 수 없는 분식의 경우도 높은 관심을 받고 있다. 또 이미 많이 알려진 불닭볶음면이나 짜파구리(짜파게티+너구리) 같은 경우도 유튜브와 영화 등을 통해 많은 외국인들이 관심을 갖고 있다. 실제로 오랫동안 외국 시장의 문을 두드려온 국내 기업들이 최근에 높은 성장률을 기록하고 있기도 하다. 한국음식이 인기를 얻을 수 있는 이유 역시 방송 프로그램과 유사한 맥락이다. 트렌드가 빠르게 변하는 우리나라의 외식업계 특성상 다양한 식문화가 자리 잡고 있으며, 진입은 어렵고 퇴출이 빠른 만큼 알릴 수 있는 음식문화가 많은 것도 사실이다. 이로 인해 우리나라의 외식업계에서 진출하거나 현지에서 한국음식점을 오픈하는 경우도 많아지고 있으며, 한국인뿐만 아니라 외국인들에게도 좋은 반응을 얻고 있다.

| 기타 한류

K-POP, 드라마와 영화 그리고 예능, 한식 외에도 화장품, 한국어 등 다양한 한류 소비 콘텐츠도 꾸준히 인기를 얻고 있다. 국내 로드샵 브랜드들은 여러 나라에 진출해 한국 화장품 브랜드의 품질을 알리고 있으며, 과거에 비해 한국어를 배우려는 학생들이 전 세계에 많아지면서 한국어 학과의 인기도 높아지고 있다.

이러한 흐름이 앞으로 어떻게 변화하게 될 지는 의견이 분분하다. 실제로 2010년대 초반만 해도 한류의 인기가 곧 사라질 것이라는 의견도 많았으며, 지금도 방탄소년단과 몇몇 아이돌 그룹을 제외하면 큰 인기를 얻는 경우가 적은 것도 사실이다. 하지만 아시아의 작은 나라에서 이만큼의 성과를 낸 것은 매우 고무적인 일이며, 앞으로도 문화 수출에 대한 희망을 엿볼 수 있게 한다.

66

나는 우리나라가 세계에서
가장 아름다운 나라가 되기를 원한다.

가장 부강한 나라가 되기를 원하는 것은 아니다.
내가 남의 침략에 가슴이 아팠으니,
내 나라가 남을 침략하는 것을 원치 아니한다.

우리의 부력은 우리의 생활을 풍족히 할 만하고,
우리의 강력은 남의 침략을 막을 만하면 족하다.

오직 한없이 가지고 싶은 것은 높은 문화의 힘이다.
문화의 힘은 우리 자신을 행복되게 하고,
나아가서 남에게 행복을 주기 때문이다.

—김구, 백범일지. 내가 원하는 우리나라 편 中

99

미래를 향한 연주의 휴가

- 브랜드 레버리지

**Brand Marketing &
Brand Storytelling**

미래를 향한 연주의 휴가

홍콩 프로젝트가 마무리되면서 이제 마음의 여유가 생긴 연주. 홍콩에서 오픈하는 백화점에 가보고 싶은 마음이 간절했지만, 회사의 여러 가지 바쁜 일정 때문에 오픈식에는 갈 수 없었다. 담당자를 통해 오픈한 이후의 소식은 듣고 있었지만, 실제 슈당의 운영 상황이 궁금했던 연주는 마침 싸게 나온 주말 비행기 티켓이 눈에 띄어 냉큼 사고 금요일 하루 휴가를 내서 훌쩍 떠났다.

홍콩은 교환학생으로도 갔던 곳이었기 때문에 연주에게 익숙한 도시였고, 동양과 서양이 공존하고 있는 느낌이라 늘 흥미와 기대를 느낄 수 있는 도시였다. 이번에는 꼭 가봐야 할 곳까지 있어 그랜드 하버 그룹에서 운영하는 하버뷰 호텔을 예약했다. 하버뷰 호텔은 말 그대로 홍콩의 바다가 한눈에 보였기 때문에 관광객들뿐만 아니라 출장으로 오는 비즈니스맨에게도 사랑받는 호텔로 명성이 나 있었다. 홍콩의 물가는 다른 도시들보다 워낙 비쌌던 터라 교환학생 때는 기숙사에만 있었지만, 이제는 어엿한 직장인이고 회사 복지 중 하나로 여행경비를 보조받을 수 있었기 때문에 하버뷰 호텔에 묵는 것은 부담이 덜하기도 했다.

여느 때처럼 캐리어를 끌고 나타난 연주에게 하버뷰 호텔 프론트 직원들은 환한 미소를 지으며 체크인을 도와주었다. 하버뷰 호텔은 체크인을 하는 고객들에게 전망좋은 커피숍에서 차 한 잔을 대접하는 웰컴 티 서비스가 있었기 때문에 체크인을 마친 연주는 방에 올라가기 전에 진한 에스프레소 한 잔을 주문하고 멋진 홍콩의 하버뷰에 빠져 이런저런 생각을 했다.

진한 커피 한 잔이 비행의 피로를 다 풀어주는 듯했고, 방에 올라가 옷을 갈아입고 가장 먼저 찾아간 곳은 자신이 직접 브랜딩을 한 슈당이 있는 하버 그랜드 백화점이었다. 호텔에서 시내까지 연주는 바닷바람을 맞으며 걸어가기로 했고, 상쾌한 홍콩의 바닷바람은 마치 연주를 환영하는 듯한 느낌도 들었다. 얼마 전에 오픈행사를 마친 그랜드 하버 백화점에는 사람들이 꽉꽉 차 있어서 마치 축제가 있는 분위기였다.

에스컬레이터를 타고 여러 층을 구경하고 드디어 8층에 도착하니 바로 정면에 슈당이 있었다. 우리나라의 백화점 식당가에도 카페같은 느낌의 매장들이 있었지만, 홍콩의 쇼핑몰에서 마주친 슈당은 마치 힐링을 전문적으로 하는 공간이라고 해도 믿을 만큼 복잡한 쇼핑몰 속에서 평온한 분위기가 한눈에 들어왔다. 안으로 들어가 보니 그 안에서 행복한 표정으로 디저트와 차를 마시고 있던 사람들은 많았는데, 대부분 조용한 대화를 이어가고 있었다. 이윽고 자리를 잡고 앉아서 두리번거리고 있던 연주 옆에 누군가가 서 있었다. 고개를 들어 얼굴을 쳐다보니 바로 부산 출장에서 만났던 윤 이사였다. 연주는 반가운 마음에 벌떡 일어나 인사를 했다.

"어머, 이사님! 여기에서 뵙네요. 반갑습니다."

"연주 씨, 여기는 무슨 일로 왔어요? 출장은 아닌 것 같고… 설마 일부러 슈당에 온 건가요?"

"네, 이사님. 오픈한 상황이 너무 궁금해서 휴가를 내서 왔습니다! 그런데 이사님은 왜 여기에 계신 건가요?"

"아, 아직 디저트의 맛과 퀄리티를 잡고 있는 과정이라 오픈하고 나서 몇 달 이상은 여기에 있어야 해요. 홍콩에는 알다시피 맛있는 디저트들이 많아서 연구도 같이 할 겸 있어요."

"우와! 정말 멋있어요. 괜찮은 카페나 맛집 있으면 나중에 몇 군데 추천해 주세요!"

윤 이사는 연주에게 최신 디저트 몇 개와 거기에 어울리는 음료를 내어주면서 연주의 의견을 물었고, 연주는 생각보다 한국에 먹던 것보다 퀄리티도 더 좋고 반응도 좋을 거 같다는 생각을 말해주었다.

차를 많이 마시는 중국과 달리 홍콩은 영국 문화의 영향을 많이 받았기 때문에 커피 외에도 다양한 종류의 음료와 디저트가 많이 발달한 편이었다. 실제로 홍콩 하면 떠오르는 것 하나가 애프터눈 티이기도 했다. 이렇게 경쟁이 심한 데다가 한국에서 만든 브랜드라는 점 때문에 걱정도 많았는데, 다행히 매출이 폭발적이라는 이야기를 듣고 나니 안심이 됐다. 윤 이사와의 뜻밖의 만남으로 인해 한동안 이야기를 나눈 연주는 백화점 이곳저곳을 돌아보기 위해 자리를 나섰다. 그랜드 하버 백화점은 확실히 최신 쇼핑몰이라서 그런지 여러 나라의 유행을 한눈에 느낄 수 있었고, 한국과는 다른 분위기를 갖고 있었다.

대학 시절, 연주는 누구 못지않게 열심히 공부했고 한 가지 꿈과 목표를 향해 최선을 다했다. 다행히 목표로 했던 JP기획에 입사할 수 있었고, 좋은 성과를 내서 능력을 인정받기도 했지만 앞으로 더 열심히 하면 빠른 승진과 연봉 상승의 기회도 있을 것이라고 한국의 담당 팀장이 넌지시 알려주기도 했던 기억이 떠올랐다. 연주에게는 일도 재미있었고 성취감도 컸기 때문에 모든 것이 만족스러운 편이었지만, 연주는 늘 가슴 한켠이 불안하고 뭔가 부족하다는 생각이 들었다. 그런데 홍콩 현지에 와보니 글로벌 브랜드들을 좀 더 꼼꼼히 공부해야겠다는 생각과 함께 그동안 잠깐씩 떠올랐던 대학원 진학의 필요성을 느꼈다. 글로벌 브랜드 커뮤니케이션 과정을 충실히 수행해야 자신의 수준이 더욱 높아져서 이런 무대에서도 뒤지지 않겠다는 생각이 든 것이다. 2박 3일동안 이런저런 생각을 골똘하게 하며 새로운 트렌드의 브랜드들과 다양한 레스토랑의 경험을 가지면서 돌아오는 귀국길은 오히려 새로운 고민의 시작이 되고 있었다.

라이센싱과 브랜드 레버리지

'라이센싱'이란 상표 등록된 재산권을 가지고 있는 개인 또는 기업이 타인 또는 다른 기업에게 대가를 받고 재산권을 사용할 수 있도록 상업적 권리를 부여하는 계약이다. 즉, 낮은 브랜드 자산을 소유한 브랜드가 일정 수수료를 지불하고 높은 브랜드 자산을 소유한 브랜드의 이름, 로고, 캐릭터, 그리고 기타 다른 브랜드 요소를 사용하는 것이라고 할 수 있다. 높은 브랜드 자산으로 인해 낮은 브랜드 자산을 가진 기업도 쉽게 브랜드 파워를 구축·확대시킬 수 있기 때문에 급부상하고 있으며, 해외에서는 디즈니, 가필드, 스타워즈, 라이온킹, 겨울왕국 등을 비롯해 어린이 캐릭터인 뽀로로, 타요, 피카츄부터 어른들이 더 좋아하는 캐릭터 마블 캐릭터, 카카오프렌즈, 펭수 등 다양한 브랜드가 활용되고 있다.

라이센싱은 브랜드 레버리지의 방법 중 하나라고 할 수 있지만, 그동안은 전략적인 도구로 많이 이용되지 않은 편이었다. 앞으로는 브랜드 마케팅을 염두에 두고 있다면 소비자와 브랜드의 관계에 중점을 두어야 한다. 그리고 제품 이상을 넘어 브랜드가 고객과의 신뢰와 상호 이해에 기초해 있다는 것을 기억하며, 둘 사이의 연결고리를 강화해야 한다는 것도 알아두어야 한다. 늘 브랜드 레버리지에 대해 생각하고 고민하며, 라이센싱을 통해 브랜드의 인지도를 확대할 수 있음을 고민해야 한다.

라이센싱의 특징과 장단점

라이센싱보다 우리나라에서 더 많이 쓰는 말이 바로 콜라보(컬래버레이션)다. 라이센싱, 즉 콜라보를 할 때는 라이센싱 기업에도, 라이센시 기업에도 많은 장점이 있다. 성공한 애니메이션 겨울왕국 등의 디즈니 애니메이션의 라이센싱 매출은 엄청난 금액에 이른다. 영화 상영만으로도 높은 수익을 거두었지만 다양한 분야에 라이센싱으로 캐릭터를 판매하면서 놀라운 수익을 전 세계적으로 거두기도 했다. 라이센시 기업에서는 쉽게 인지도와 매출을 올려 많은 진입비용이 드는 신규 시장 진입에 많은 마케팅 비용을 들이지 않아도 보다 쉽게 할 수 있다. 반면 라이센싱이 무조건 좋은 것만은 아니다. 브랜드를 과다노출하게 되면 브랜드의 매력을 희석시키는 셈이 되며, 소비자의 혼란을 초래하기 때문이다. 이러한 위험을 없애기 위해서는 라이센싱을 하는 브랜드에 대한 분석을 꼼꼼하게 해야 하며, 계약 체결부터 제품 관리까지 철저한 모니터링을 해야 한다.

라이센싱 사례	**겨울왕국의 엘사와 울라프**

2013년 1편, 2019년에 2편이 개봉한 겨울왕국은 전 세계적으로 엄청난 돌풍을 일으켰다. 우리나라에서도 두 편 모두 천만 명 이상의 관객이 관람했고, 수많은 브랜드에서 라이센싱을 하며 다양한 제품이 출시됐다. 특히 어린이들이 좋아하는 캐릭터이기 때문에 캐릭터 상품은 물론, 화장품, 액세서리, 의류, 베이커리 심지어 은행권까지 라이센싱을 하면서 다양한 분야에서 겨울왕국의 캐릭터들을 만날 수 있었다. 심지어 생활용품 브랜드 다이소에도 겨울왕국 코너가 따로 있었으며, 해외로 눈을 돌린다면 셀 수 없이 많은 상품을 만나볼 수 있다. 여기에 제대로 라이센싱을 하지 않고 판매하는 제품까지 더한다면 엄청난 규모의 시장이 될 것이며, 브랜드의 파급력이 얼마나 큰 지 알 수 있는 대표적인 예이기도 하다.

• 사진 출처: www.shutterstock.com

우리나라에서는 브랜드 인지도가 약한 브랜드가 라이센싱을 하는 경우보다는 두 브랜드 모두 인지도가 높을 때 하는 경우가 더 많다. 최근에는 카카오프렌즈, 펭수 등이 분야를 막론하고 다양한 브랜드와 라이센싱을 하였으며, 이슈가 될 수 있는 이색 라이센싱으로 곰표패딩(4XR & 곰표밀가루), 토이스토리 티셔츠(스파오 & 디즈니), 코트디럭스 메로나 슈즈(휠라 & 빙그레), 치토스 치킨(멕시카나 & 롯데제과), 듀얼 브루(조지아 크래프트 & 카카오프렌즈 콜라보 에디션) 등 재미있는 제품들도 많이 볼 수 있다. 라이센싱 제품은 한정판 또는 특정한 날짜 등 이슈를 추가로 만들면 더 높은 판매가 가능한 경우가 많다.

• 사진 출처:
www.fila.co.kr, www.gompyo.net

홍콩의 글로벌 브랜드	**소스 브랜드 이금기**

주방장 친구 두반장

넣기만 하면 모든 요리가 맛있어진다는 굴 소스는 중국 식재료 중 우리나라에서 많은 인기를 얻고 있다. 그중 대표적인 브랜드가 '이금기'로, 무려 1888년 '이금상'이라는 주방장에게서 시작돼 1932년 홍콩에 설립되면서 지금까지 인기가 이어지고 있다. 이후에 닉슨 대통령이 베이징을 방문했을 때 중국 정부에서 팬더를 선물하자, 팬더 굴 소스를 만들어 높은 인기를 얻게 됐다. 굴 소스 외에도 다양한 소스가 있기 때문에 요리에 활용하면 맛있는 중국요리를 집에서 만들 수 있다.

• 사진 출처: www.facebook.com/korea.lkk/

홍콩의 글로벌 브랜드	**디저트 브랜드 기화병가**

홍콩 하면 제니쿠키를 떠올리는 사람들이 많은데, 제니쿠키 못지않게 유명한 쿠키 브랜드가 바로 기화병가다. 1938년에 설립돼 80여년의 역사를 가지고 있는 데다가 팬더모양의 쿠키가 있어 특히 인기 있다. 대를 이어 운영하고 있으며 전 세계에 공장과 분점이 있으며 우리나라에도 공식 리셀러가 있어 직접 구매해서 먹어볼 수 있다.

· 공식 사이트 http://www.keewah.co.kr/

• 사진 출처: www.facebook.com/keewahkorea

슈즈 브랜드 스타카토

전 세계 1,200여개의 매장을 가지고 있는 슈즈 브랜드는 비비드한 컬러와 편안한 착화감으로 많은 마니아를 가지고 있다. '스타카토 신발을 신은 사람을 5초마다 한번씩 볼 수 있다'고 해서 현지에서는 5초 신발이라고 불리기도 한다. 발볼이 넓은 동양인들을 고려한 신발이라 서양 브랜드보다 편하고 국내보다 저렴하기 때문에 홍콩에서 구매해야 할 아이템 중 하나에 속하기도 한다. 국내에는 2013년도에 입점해 백화점 등을 위주로 매장을 가지고 있다. 세컨드 브랜드 15mins도 있다.

• 사진 출처: www.staccato.com

MEMO